Snacks

Ulrich Metzner / Peter Frese (Hrsg.)

Snacks

Die Rezepte der Avantgarde

VIF
EDITION

HÄDECKE

Abkürzungen: TL = Teelöffel
EL = Eßlöffel
dl = Deziliter
cl = Zentiliter

Widmung für Tara

Printed in Germany

Konzept & Realisation: Peter Frese
Foodstyling: Gerda & Peter Frese
Porträtseiten: Peter Frese
Schutzumschlag: Kaselow-Design, München
Lithographie: Repro Zwölf, Wien
Satz: Text-, Druck- und Verlags-GmbH, Nördlingen
Druck: Druckhaus Erfurt

ISBN 3-7750-0235-9

Inhalt

Vorwort

Sie entwickelt sich zum schönen Erfolg, unsere VIF-Edition. „Junge deutsche Küche", das war der große Einstieg in die prachtvolle Präsentation einer Küchenleistung, bestehend in der handwerklichen Exaktheit, faszinierend in der eigenständigen Kreativität. Und Altmeister Eckart Witzigmann bescheinigte da gern sinnvoll Originelles, was letztlich auch die Fortentwicklung an hiesigen Herden dokumentiere. „Junge deutsche Küche", das also war der Start für die genannte Edition, die sich bald und hiermit in Folge einer „Avantgarde" verschrieb, einer „Vorhut", anführend die beachtliche Gruppe, die sich so vehement gut auf die „Große Küche in Deutschland" versteht. Diese „Avantgarde" erschöpft sich beileibe nicht in der Reihung der in diesem Werk berücksichtigten Namen. Sie stehen vielmehr stellvertretend für den exklusiven Zirkel, der das Kochen so herrlich beherrscht, weil's Spaß macht – obendrein. „Avantgarde", das ist zunächst, nach der „Jungen deutschen Küche", Peter Freses berückend fotografiertes Werk „Fisch" und hier, wie vorliegend, das vielschichtige Thema „Snacks". Ein Appetithappen der besonderen Art, das darf den Mitstreitern, den gewieften, den einfallsreichen Köchen eben ins Stammbuch geschrieben werden. Apropos gewieft. Das führt zu vif, dem Ursprungswort. „VIF", gewieft gleich lebendig, lebhaft, munter, tüchtig und gescheit. VIF, VIF-Edition, kreiert von der Redaktion und nun im Hädecke Verlag fortgeführt. VIF Gourmet-Journal wiederum, das Magazin fürs Savoir-vivre hierzulande, erweist sich als ein Wegbegleiter der Frauen und Männer, die Avantgardistisches im Sinne der Erhöhung ihres Handwerks bewirkten und auch künftig bewirken werden. VIF-Edition, der dritte Band: „Snacks".

Des Vorworts reizvolles Schlußwort, entliehen bei Jean Anthèlme Brillat-Savarin:

> „Indem der Schöpfer dem Menschen
> die Verpflichtung auferlegt zu
> essen, um zu leben, ladet er
> ihn durch den Appetit ein
> und belohnt ihn durch den Genuß."

Einführung

Klein, fein und stets hübsch anzusehen. Keine Frage, das Auge ißt (noch) immer mit. Das schöne Generalthema dieses dritten Werks der VIF-Edition: „Snacks". Ein aus Britannien kommender Begriff, der sich am ehesten mit „kleinen Appetithappen" erklären läßt. Snacks, offeriert und gereicht auf Partys, Stehempfängen und exklusiven Versammlungen der handverlesenen Gästezahl. Was sich da unterschiedlich belegt und wie auch immer dekoriert darstellt, das ist jeweils ein kleines Küchen-Kunstwerk – und dennoch stimmig, was Zusammensetzung, Produktqualität und Geschmack betrifft. Und da wäre noch das nicht unwesentliche Quentchen Kreativität aus dem Fundus des Einfallsreichtums, was letztlich den Appetithappen, das Appetitschnittchen, eben den Snack ausmacht. Und: Aha-Effekt inklusive. Natürlich im Reigen der edlen Gaumenschmeichler auch vertreten: die Canapés und Medaillons, exquisite Köstlichkeiten, die den Genuß verlängern helfen, da mit Genuß ganz, ganz langsam schnabuliert. Snacks, das können, wie gesagt, frappierende Kunststückchen werden, wenn es ans Garnieren geht, wie natürlich ans Verzieren auch. Der italienische Volksmund weiß es seit Jahrhunderten: „Die kleine Küche macht das Haus groß." Die Snacks sind es – und nicht etwa das ausgefallene Menü –, die Ihre Rolle als Gastgeberin, als Gastgeber unterstreichen. Snacks, für viele eine ganz grundsätzliche Weltanschauung, da immer eine Visitenkarte, da den persönlichen Geschmack betreffend, die Liebe zum Detail, die Freude an der Präsentation des in der Küche Komponierten. Snacks, das hat was! Weil es den Trend stützt, einen ganz bestimmten: den Trend, wieder Gäste haben zu wollen. Gleichermaßen verbunden mit der Hoffnung, daß diese sich gern an den einen oder anderen Abend erinnern – nicht nur, aber auch der herrlichen Snacks wegen. Und daß sie ebendieser Leckereien wegen auch wiederkommen mögen. Diese Philosophie, einer höheren Gastfreundschaft verpflichtet, hat zu jenem Ihnen hiermit vorliegenden Werk geführt. In ebenso liebevoller wie höchst findiger Kleinarbeit haben eine tüchtige Frau und fünfzehn ebenbürtige Männer, was Leistung und Können betrifft, Beeindruckendes erstellt. Dies nun alles Ihnen zur Freude, zum Ausprobieren und ganz einfach zur Anregung dienend. Der Appetit, der gute, stellt sich dann, dies sei frank und frei unterstellt, von ganz allein ein. Und ein Wort von Alexander Puschkin runde da die Einführung zum schönen Küchen-Werk ab: „Der Magen eines gebildeten Menschen hat die besten Eigenschaften eines edlen Herzens – Sensibilität und Dankbarkeit."

Ulrich Metzner

Die Herausgeber

Peter Frese

1944 in Bremen geboren. Studierte Grafik und Malerei in Bremen, Kopenhagen und Stockholm. 1967 Gründung eines eigenen grafischen Studios in Bremen. Kam über den Auftrag für eine Bildreportage in Westafrika Ende 1967 zur Fotografie. Internationale Bekanntheit durch Werbe- und Stillife-Fotos. Lebte in London, Paris und New York. Danach Bedürfnis nach Konzentration auf ein kreatives Zentrum als künstlerische Heimat. Realisierte mit dem Umbau eines Bauernhauses sein privates Reich und zugleich beruflichen Lebensraum für Fotografie, Grafik und Design. In den siebziger Jahren produktives Schaffen für die Industrie. 1974 zweites Studio in Amsterdam. Food-Fotografie seit 1981.
Über seine Arbeit: die Idee der Verbindung von Grafik und Fotografie. Verabscheut Schnörkeleien und Spielerei, liebt Kontraste.

Ulrich Metzner

1941 in Bischofswerda geboren. Gelernter Tageszeitungsredakteur. Lehr- und Wanderjahre zwischen Dortmund und Hamburg, Offenburg, Bergisch Gladbach und Düsseldorf, Stuttgart, Reutlingen und München. Tageszeitung, Illustrierte und Buchverlag. Chefredakteur von Frauenzeitschriften. Seit 1985 redaktionell verantwortlich für das Nobelmagazin VIF Gourmet-Journal, herausgegeben vom Atlas Verlag in München. Freie Redaktion in Grünwald vor den Toren der Isar-Metropole. Über seine Arbeit: Enthusiast der klaren Information in gewinnender Aufmachung. Metzner hält es mit Hemingways Geheimnis vom Erfolg: Nie entmutigt sein! Er schätzt die konstruktive Kritik, glaubt an des Tüchtigen Fortune und die ausgleichende Gerechtigkeit. Persönliches: Deutschland-Fan, Freude an der Schönheit des Unvergänglichen.

Peter Frühsammer

Frühsammers Restaurant An der Rehwiese in Berlin

Aller guten Dinge sind drei, Weiterungen nicht ausgeschlossen. Das schöne Motto für Peter Frühsammer nun mit der dritten Berücksichtigung in der VIF-Edition, zuvor schon in „Junge deutsche Küche“ und „Fisch“. Ein Mann mit einer Mordskarriere, obwohl noch jung an Jahren, da geboren in den 1959er Augusttagen. Er, der liebend gern einmal eine kulinarische Reise durch Japan und China unternähme, hat's mit Berlin. Dort fühlt er sich wohl. Dort lebt er sein „Carpe diem“ aus, sein „Nutze den Tag“, frei nach Horaz. Und gewänne er das ganz große Geld im Lotto, bliebe er zuerst einmal im Lande. In diesem Fall in Brandenburg, um sich am Aufbau einer Farm zu beteiligen, die sich mit der Züchtung und artgerechter Haltung von Geflügel beschäftigt. Und der private Frühsammer? Spätromantische Symphonien à la Mahler liebt er, seine Hobbys wie Squash und Windsurfen. Und der liebste Gast wäre ihm irgendwann einmal Zino Davidoff, der Herr der Zigarren.

Karpfen im Gemüsemantel auf Kartoffelsalat

Für 4 Personen

Zutaten:	*gehackte Kräuter*
½ kg gekochte Kartoffeln	*(Majoran, Schnittlauch, Petersilie)*
(festkochende Sorte)	*1 Karpfen (4 Stücke)*
ca. ⅛ l heiße Brühe	*1 Eigelb*
Essig	*Gemüseschuppen (Lauch, Sellerie,*
Öl	*Karotten und evtl. schwarze Trüffel)*
Salz	*geklärte Butter*
Pfeffer aus der Mühle	

1. Für den Kartoffelsalat die mit der Schale gekochten Kartoffeln pellen und in Scheiben schneiden.

2. Die Kartoffelscheiben mit heißer Brühe, Essig, Öl, Salz und Pfeffer marinieren und eine Stunde ziehen lassen. Mit den Kräutern würzen und abschmecken.

3. Den Karpfen kalt abspülen, trockentupfen, anschließend mit Salz und Pfeffer würzen.

4. Mit verquirltem Eigelb bestreichen, die rohen Gemüseschuppen darauf anordnen und in geklärter Butter braten.

Dazu grünen Salat servieren.

Austern in Bananenkruste mit Ingwernudeln

Für 4 Personen

Zutaten:	*Nudeln:*
8 Austern	*250 g Grießtau (feiner Grieß)*
etwas Mehl	*2 Eier*
1 große Banane	*2 EL Wasser*
3 EL Mandelgrieß	*1 EL Olivenöl*
2 Eigelb	*0,1 l Geflügelfond*
Currypulver	*0,1 l Sahne*
3 EL geschlagene Sahne	*Butter*
Butter	*Ingwer, gerieben; etwas Salz*

1. Alle Zutaten für die Nudeln zu einem glatten Teig verarbeiten. In Frischhaltefolie wickeln und eine Stunde ruhen lassen.

2. Den Nudelteig mit der Nudelmaschine in mehreren Portionen dünn ausrollen und in Streifen schneiden. In leicht gesalzenem sprudelnd kochendem Wasser ca. eine Minute kochen.

3. Geflügelfond mit der Sahne auf die Hälfte reduzieren. Etwas Butter und Ingwer dazugeben und aufkochen. Die Nudeln kurz vor dem Servieren darin erhitzen.

4. Die Austern ausbrechen und leicht in Mehl wenden. Die Banane pürieren, mit Mandelgrieß, Eigelb und etwas Currypulver vermischen, die geschlagene Sahne unterheben.
Die Austern darin wenden und in Butter braten.

5. Die gebratenen Austern mit den Ingwernudeln auf vorgewärmten Tellern anrichten und servieren.

Beilage: Kürbisgemüse und Currysauce.

Lauch-Kalbsbries-Strudel

Für 4 Personen

Zutaten:	*30 g Öl*
400 g Lauch	*1 Prise Salz*
50 g Geflügelfarce	***Füllung:***
Strudel:	*400 g Kalbsbries*
225 g Mehl	*Butter*
1,15 l lauwarmes Wasser	*1/4 l Kalbsjus*

1. Alle Zutaten für den Strudel zu einem glatten Teig verarbeiten. In Frischhaltefolie wickeln und eine Stunde bei Zimmertemperatur ruhen lassen.

2. Die Röschen von dem gewässerten und blanchierten Kalbsbries ablösen. In eine heiße Pfanne geben, kurz in Butter anbraten und mit 2 Eßlöffeln Kalbsjus ablöschen. Alles kalt stellen.

3. Den Lauch schneiden, blanchieren, mit dem Kalbsbries und der Geflügelfarce mischen.

4. Den Strudel dünn ausziehen, mit Butter bepinseln und die Briesmasse darauf verteilen. Einrollen und wieder mit Butter bestreichen. Zehn Minuten bei 200 °C auf einem Gitter im Backofen backen.

Beilagen: Lauch-Sellerie-Gemüse und Kalbsjus.

Mousse von Fasan und Sellerie

Für 4 Personen

Selleriemousse:	*Butter*
6 Blatt weiße Gelatine	*etwas Wurzelgemüse*
100 g Sellerie	*2 Wacholderbeeren*
400 g Sahne – 4 dl	*0,1 l roter Portwein*
0,1 l Geflügelfond	*0,1 l trockener Weißwein*
eventuell 1 EL schwarzer Trüffel	*0,2 l Geflügelfond*
Fasanenmousse:	*20 g kalte Butter*
2 Fasanenkeulen	*5 ½ Blatt weiße Gelatine*
Salz	*etwas Cognac*
Pfeffer aus der Mühle	*100 g geschlagene Sahne*

1. Die Gelatine fünf Minuten in kaltem Wasser einweichen.

2. Gewürfelten Sellerie in 300 g Sahne und dem Geflügelfond weich kochen. Mit dem Pürierstab pürieren und durch ein Sieb streichen. Die Gelatine ausdrücken und in das noch heiße Püree einrühren.

3. Die restlichen 100 g Sahne schlagen und die feingehackte Trüffel kurz vor dem Stocken unter das Selleriepüree heben. Das Ganze in eine Terrinenform füllen und gut durchkühlen lassen.

4. Die Fasanenkeulen mit Salz und Pfeffer würzen, in Butter anbraten. Das geputzte Wurzelgemüse und die Wacholderbeeren dazugeben, mit Portwein ablöschen. Mit Weißwein und Geflügelfond aufgießen und nicht ganz durchschmoren.

5. Das Fleisch vom Knochen lösen. Den Fond durch ein Sieb gießen und etwas auskühlen lassen. Den Fond mit dem Fleisch und der Butter aufmixen und durch ein Sieb streichen. Die aufgelöste Gelatine hinzufügen, mit Cognac und der geschlagenen Sahne abschmecken. Diese Masse ebenfalls in die Terrinenform auf die Selleriemousse füllen. Im Kühlschrank durchkühlen lassen.

6. Mousse von Fasan und Sellerie stürzen, in Scheiben schneiden, mit Apfel- und Feldsalat servieren.

2

Uwe Witzke

Il Ristorante in Hamburg

Klipp und klar in der geschmackvollen Aussage: So war es schon in dem Band „Junge Deutsche Küche“ nachzulesen. Ein weiterer Beleg hierfür ist dieses Snack-Kapitel. Uwe Witzke packte es schon in jungen Jahren. Gerade 15 geworden, erwischte es den Jungen aus dem Jahrgang 1956. Das Schlüsselerlebnis: ein Kochkursus in der Bochumer Mütterschule. Apropos Mutter. Die eigene war und ist es, die auch den erwachsenen Witzke nach wie vor fasziniert: ihrer Kochkünste wegen. Was er privat am liebsten mag – Stichwort Lieblingsgericht? Spareribs mit Honig und Peperoni. Und er, der wie ein Pferd schuften kann, was unternähme er bei sechs Richtigen im Lotto? Die Antwort, typisch Witzke: Urlaub machen – bis das Geld alle ist. Nach sieben Monaten wäre das für ihn der Fall.

2

Ziegenkäse mit Grappa und Trüffel

Für 4 Personen

Zutaten:	*2 cl Grappa*
200 g Ziegenkäse	*30 g schwarze Wintertrüffel*
geputzte und angemachte Salatgarnitur	*(Perigord)*

1. Den Ziegenkäse mit einer Kartoffelpresse auf flache Teller drücken und mit Salat garnieren.

2. Den Käse mit Grappa beträufeln und die Trüffel auf den Käse hobeln.

Dazu reicht man frisches Baguette.

2

Tacos mit Bohnen und Avocados

Für 4 Personen

Zutaten:	*1 Peperoni*
4 Tacoschalen (vom Feinkosthandel)	*1 Knoblauchzehe*
Salate (Lollo rosso und bianco)	*Salz*
2 Avocados	*Pfeffer aus der Mühle*
1 Dose rote Kidneybohnen	*Zitronensaft*
2 Frühlingszwiebeln	*200 g Schmant*

1. Die Tacoschalen kurz im Ofen aufbacken und anschließend mit Salatblättchen auslegen.

2. Die Avocados schälen, das Fruchtfleisch vom Kern lösen und in Würfel schneiden. Mit den roten Kidneybohnen, kleingeschnittenen Frühlingszwiebeln und Peperoni in die Schalen geben. Die übriggebliebenen Avocadowürfel für die Creme beiseite legen.

3. Die Knoblauchzehe schälen und durch die Knoblauchpresse drücken.

4. Die restlichen Avocadowürfel zerdrücken, mit Salz, Pfeffer, etwas Zitronensaft und Knoblauch zu einer Creme verrühren, abschmecken und in die Tacos füllen.

5. Mit Schmant garniert servieren.

2

Tacos mit Edelfischen und Hummer

Für 4 Personen

Zutaten:	*Salz*
100 g Seezungenfilet	*Pfeffer aus der Mühle*
100 g Steinbuttfilet	*1 Hummer à 500 g*
100 g Lachsfilet	*1 Knoblauchzehe*
2 Schalotten	*2 Avocados*
1 TL Butter	*100 g Crème fraîche*
1,75 l Wasser	*Zitronensaft*
0,75 l trockener Weißwein	*4 Tacoschalen*
1 Lorbeerblatt	*Salatblättchen*
1 Bund Dill	*2 Frühlingszwiebeln*

1. Die Fischfilets in kleine Stücke schneiden und kurz sanft pochieren.

2. Schalotten schälen, in Scheiben schneiden und in einem entsprechend großen Kochtopf in Butter anschwitzen. Wasser, Weißwein, Lorbeerblatt und gewaschenen Dill zugeben. Mit Salz und Pfeffer würzen und den Sud sprudelnd aufkochen. Den Hummer mit dem Kopf zuerst hineingleiten lassen. Aufkochen, den Kochtopf von der Kochstelle nehmen und ca. zehn Minuten gar ziehen lassen.

3. Den Hummer etwas abkühlen lassen, das Hummerfleisch auslösen und in kleine Stücke schneiden.

4. Die Knoblauchzehe schälen und durch die Knoblauchpresse drücken.

5. Avocados schälen und das Avocadofleisch vom Kern lösen, kleinschneiden und zerdrücken. Crème fraîche und die Knoblauchzehe unterrühren. Mit Salz, Pfeffer und etwas Zitronensaft würzen. Zu einer Creme verrühren und abschmecken.

6. Die Tacoschalen mit Salatblättchen auslegen, mit Fisch und Hummer füllen. Zum Schluß die Avocadocreme darübergeben und mit kleingeschnittenen Frühlingszwiebeln garnieren.

2

Pizza mit Kaviar und Lachs

Für 4 Personen

Pizzateig:	*Belag:*
250 g Mehl	*1 Bund Schnittlauch*
½ TL Salz	*150 g Crème fraîche*
25 g Öl	*Salz*
1 EL Honig	*Pfeffer aus der Mühle*
1 Eigelb	*400 g geräucherter Lachs in Scheiben*
10 g Hefe	*80–100 g Kaviar*
etwas warmes Wasser	*50 g Crème fraîche*

1. Aus den angegebenen Zutaten einen Pizzateig kneten und an einem warmen Ort eine Stunde gehen lassen.

2. Den Teig zu handgroßen Pizzen ausrollen und im Backofen bei großer Hitze (250 °C) ca. zehn Minuten backen.

3. Den Schnittlauch kalt abspülen, trockentupfen und in feine Ringe schneiden.

4. Etwas Schnittlauch unter die Crème fraîche rühren, mit Salz und Pfeffer würzen und abschmecken. Diese Creme auf die Pizzen streichen. Etwas Creme zum Garnieren zurückbehalten.

5. Die Lachsscheiben auf passende Größe schneiden, auf die Pizzen legen und mit Kaviar bestreichen.

6. Mit restlicher Crème fraîche garnieren; Schnittlauch darüberstreuen.

3

Wolf-Dieter Klunker

Fischereihafen-Restaurant in Hamburg

Wer Hamburg genossen haben will, muß auch einen Pflichtbesuch absolviert haben – den bei Wolf-Dieter Klunker im Fischereihafen-Restaurant. Punktum. Es entginge ihm sonst einiges. Aber das wissen die meisten. Klunker, der ideale Partner für Inhaber Rüdiger Kowalke, kam quasi aus dem Stand zur Profession. Schlüsselerlebnis für die sein Leben bestimmende Entscheidung war einst die Empfehlung seines Großvaters: „Junge, werde Koch! Dann hast du immer was zu essen und bist im Warmen." Käme heute ein weiterer Beruf in Frage, entschiede er sich mit Vergnügen für den des Modeschöpfers oder des Landschaftsarchitekten. Erzielte er sechs Richtige im Lotto, leistete er sich am liebsten 365 Tage Urlaub, um sich anschließend als Gastro-Kritiker zu erproben.
Zuvor allerdings müßten noch zwei Wunschgäste bekocht werden: der stimmgewaltige Luciano Pavarotti und die kapriziöse Joan Collins.

3

Seeteufelbäckchen in Paprika-Vinaigrette

Für 4 Personen

Zutaten:	
1 EL gelbe gewürfelte Paprikaschoten	*Meersalz*
1 EL rote gewürfelte Paprikaschoten	*Pfeffer aus der Mühle*
1 EL grüne gewürfelte Paprikaschoten	*400 g Seeteufelbäckchen*
1 EL blaue gewürfelte Zwiebeln	*Zitronensaft*
1 EL Peperoniessig	*Butter*
3 EL Traubenkernöl	*Kristallsalat*

1. Für die Paprika-Vinaigrette die gewürfelten Paprikaschoten in leicht gesalzenem kochenden Wasser blanchieren. Auf ein Sieb schütten und gut abtropfen lassen. Die Paprikawürfel mit der gewürfelten Zwiebel, dem Peperoniessig und dem Traubenkernöl vermischen, mit Meersalz und Pfeffer würzen und abschmecken.

2. Die Seeteufelbäckchen parieren, mit etwas Zitronensaft marinieren, mit Salz und Pfeffer würzen, in der Bratpfanne unter wiederholtem Wenden braten.

Als Garnitur: Kristallsalat (neu im Feinkosthandel, wirkt wie gefroren).

3

Räucherfischknödel auf Sauerkraut

Für 4 Personen

Zutaten:

150 g Mehl
3 EL lauwarmes Wasser
1 EL Spinatmatte oder Petersiliensaft
1 EL Öl
1 Prise Salz
150 g Räucherfischfilet von Lachs und Aal, gewürfelt

Erläuterung Spinatmatte: pürierte Spinatblätter ausdrücken; Saft aufkochen, bis sich eine Schicht bildet, die abgenommen wird.

Sauerkraut:

2 Schalotten in Streifen
50 g Butter
300 g Sauerkraut
Fischfond
¼ l Weißwein
3 Wacholderbeeren
½ Lorbeerblatt
1 rohe Kartoffel (geschält)

1. Mehl, Wasser, Spinatmatte oder etwas Petersiliensaft, Öl und Salz zu einem festen Teig verarbeiten. Gut durchkneten und anschließend eine Stunde ruhen lassen.

2. Den Teig auf einer bemehlten Arbeitsfläche ½ cm dick ausrollen und in kleine Vierecke schneiden. Auf jedes Viereck 1 Eßlöffel gewürfelten Räucherfisch geben. In den Teig einrollen und gut zusammendrücken, damit die Knödel beim Kochen nicht aufgehen.

3. Die Knödel in sprudelnd kochendes Salzwasser geben und zehn Minuten ziehen lassen.

4. Die Schalotten in Butter hell anschwitzen, das Kraut dazugeben. Mit etwas Fischfond und Weißwein auffüllen. Die Gewürze zugeben und in ca. 20 Minuten weichkochen lassen. Die Kartoffel reiben und das Sauerkraut damit binden. Nochmals unter ständigem Rühren fünf Minuten köcheln lassen.

5. Das Sauerkraut auf vorgewärmte Teller verteilen und die Knödel darauf anrichten.

3

Reisblatt-Taschen mit Meeresfrüchten auf Sojasauce

Für 4 Personen

Zutaten:	**Sojasauce:**
4 Reisblätter	*¼ l Fischfond*
200 g Meeresfrüchte (wie Gambas,	*etwas Sojawürzsauce*
Steinbutt, Jakobsmuscheln, Lachs)	*(Fertigprodukt)*
Saft von ½ Zitrone	*80 g eiskalte Butter*
1 EL blanchierte Gemüsewürfel	*Salz*
1 EL Dillspitzen	*Pfeffer aus der Mühle*
Salz	*Saft von ½ Zitrone*
Pfeffer aus der Mühle	*1 Prise Zucker*

1. Die Reisblätter in reichlich kaltem Wasser einweichen. Abtropfen lassen und trockentupfen.

2. Die Meeresfrüchte in 1 cm große Würfel schneiden. Mit Zitronensaft marinieren. Die blanchierten Gemüsewürfel und die Dillspitzen zugeben, mit Salz und Pfeffer würzen.

3. Die vorbereitete Masse auf die Reisblätter verteilen und darin einwickeln.

4. In der Bratpfanne unter dem Salamander oder im Backofen mit Oberhitze kroß backen.

5. Für die Sojasauce den Fischfond auf ein Drittel einkochen. Die Sojawürzsauce dazugeben und die eiskalte Butter in kleinen Portionen mit dem Pürierstab einarbeiten. Mit Salz und Pfeffer würzen, mit etwas Zitronensaft und Zucker abrunden, abschmecken.

3

Marinierte Imperial-Austern

Für 4 Personen

Zutaten:	*1 EL feingeschnittene Dillspitzen*
12 Imperial-Austern	*1 EL feingewürfelte blaue Zwiebeln*
Saft von einer Zitrone	*Meersalz*
0,1 l Traubenkernöl	*Pfeffer aus der Mühle*
1 EL gekochte Gemüsewürfel	*etwas geputzter gelber Friséesalat*

1. Die Austern aufbrechen. Austernwasser auffangen und für die Marinade durch ein Haarsieb gießen.

2. Aus dem Austernwasser, etwas Zitronensaft, Traubenkernöl, Gemüsewürfeln, Dill, blauen Zwiebelwürfeln, etwas Meersalz und Pfeffer eine Marinade herstellen.

3. Die Austern säubern und aus der Schale lösen.

4. Die Austernschalen gut waschen, etwas Friséesalat hineinlegen. Die Austern daraufsetzen und mit der Marinade übergießen.

4

Hartmut Boll

Restaurant Altes Amt in Schönwalde am Bungsberg

Er liebt das Ländliche, schwärmt für regionale Eigenständigkeit und entspannt sich bei klassischer Musik. Beispielsweise bei Vivaldis „Vier Jahreszeiten“. Hartmut Boll, ein sympathischer Praktiker, der dem Charakter der holsteinischen Landschaft entspricht: gediegen, ausgeglichen. Erzielte er sechs Richtige im Lotto, änderte sich für ihn nichts. Kommentar Hartmut Boll: „Nur auf dem Bankkonto.“ Und dieses ermöglichte ihm dann zumindest eines: eine kulinarische Reise nach Japan. Wen er am liebsten einmal in seinem Restaurant im Alten Amt, ehemals Sitz der Gemeindeverwaltung, sähe? Den Bundespräsidenten und Loriot – Richard von Weizsäcker und Vicco von Bülow. Letzterem servierte er dann Spaghetti und Kosakenzipfel. Hartmut Boll, der Koch aus Leidenschaft. Ein anderer Beruf wäre für ihn undenkbar.

4

Rote-Bete-Feldsalat mit gebratenen Entenherzen in Soja

Für 4 Personen

Zutaten:	*4 Entenherzen*
2 kleine Rote Bete	*Salz*
4 Sträußchen Feldsalat	*Pfeffer aus der Mühle*
¼ l Kalbsfond	*Mehl*
Schnittlauch	*geklärte Butter*
1 EL Soja-Würzsauce (Fertigprodukt)	*etwas Vinaigrette*

1. Rote Bete in der Schale im Ofen garen. Schälen und in gleichmäßige Scheiben schneiden.

2. Den Feldsalat waschen und abtropfen lassen.

3. Den Kalbsfond stark einkochen und mit Soja-Würzsauce aromatisieren; etwas feingeschnittenen Schnittlauch zugeben.

4. Die Entenherzen parieren, mit Salz und Pfeffer würzen, mit Mehl bestäuben. In geklärter Butter braten und warm stellen.

5. Rote Bete und Feldsalat mit der Vinaigrette marinieren und auf flachen Tellern anrichten. Die warmen Entenherzen dazulegen und mit der Soja-Würzsauce beträufeln.

4

Roter Chicorée, gebraten, mit Poulardenbrust in Curry-Safran-Rahm

Für 4 Personen

Zutaten:	*etwas Currypulver*
½ l Hühnerbrühe	*einige Safranfäden*
1 EL Sahne	*1 Poulardenbrust*
1 EL Crème fraîche	*Mehl*
1 Stück eiskalte Butter	*geklärte Butter*
Salz	*1 Chicorée, rot*
Pfeffer aus der Mühle	*1 Zweig Kerbel*

1. Die Hühnerbrühe um die Hälfte einkochen. Sahne und Crème fraîche dazugeben und die eiskalte Butter mit dem Pürierstab einarbeiten. Mit Salz und Pfeffer, Currypulver und Safran würzen und abschmecken.

2. Die Poulardenbrust parieren und in Streifen schneiden. Mit Salz und Pfeffer würzen. Mit Mehl bestäuben und in geklärter Butter braten. In die Safrancreme geben.

3. Den geputzten Chicorée anbraten, zum Abtropfen auf Küchenpapier legen.

4. Den portionierten Chicorée mit der gebratenen Poulardenbrust in Curry-Safran-Rahm anrichten und mit Kerbelblättchen garnieren.

4

Garnelen-Tatar, warm, auf Gemüseperlen

Für 4 Personen

Zutaten:	*1 Stück eiskalte Butter*
8 Garnelen	*Verschiedene Gemüse*
1 cl Cognac	*(je etwas Fenchel, Zucchini, Sellerie,*
¼ l Fischfond	*Kohlrabi und Möhren)*
1 EL Sahne	*Salz*
1 EL Crème fraîche	*Pfeffer aus der Mühle*

1. Die Garnelen schälen und säubern.

2. Die Garnelenschalen anrösten, mit Cognac ablöschen, den Fischfond dazugeben und einkochen. Sahne und Crème fraîche unterrühren und durch ein feines Sieb streichen. Die eiskalte Butter mit dem Pürierstab einarbeiten.

3. Das Gemüse putzen, waschen, mit dem Perlenausstecher ausstechen und in Salzwasser gar kochen. Die Hälfte der Gemüseperlen in die Sauce geben.

4. Die Garnelen fein hacken, pikant würzen, abschmecken und die restlichen Gemüseperlen dazugeben. In eine Timbaleform füllen und im Wasserbad garen. Stürzen und auf der Sauce anrichten.

4

Kleiner Pfannkuchen, mit geräuchertem Lachs gefüllt, auf Dillrahm und Forellenkaviar

Für 4 Personen

Zutaten:	*Pfeffer aus der Mühle*
4 Scheiben geräucherter Lachs	*geklärte Butter*
50 g Forellenkaviar	*Butter zum Braten*
Pfannkuchenteig:	***Dillrahm:***
50 g Mehl	*1 kleine Schalotte*
1 Ei	*geklärte Butter*
⅛ l Milch	*¼ l Hühnerbrühe*
Salz	*1 EL Sahne*
Muskat	*2 Zweige Dill*

1. Für den Pfannkuchenteig Mehl, Ei und Milch verrühren, mit Salz, Muskat und Pfeffer würzen. Etwas geklärte warme Butter unterrühren und zwei bis drei Stunden ruhen lassen.

2. Pro Person zwei dünne, nicht gebräunte Pfannkuchen aus dem Teig backen und erkalten lassen.

3. Jeweils einen Pfannkuchen mit geräuchertem Lachs belegen und mit dem zweiten Pfannkuchen abdecken. Aufrollen und warm stellen.

4. Die Schalotte schälen, fein würfeln, in geklärter Butter anschwitzen und mit der Brühe einkochen. Die Sahne und den gezupften Dill dazugeben.

5. Die Pfannkuchen schneiden und auf der Sauce anrichten. Mit dem Forellenkaviar garnieren und servieren.

5

Horst Peter Hauptmeier

Park-Restaurant im Park-Hotel in Bremen

Verführen ließe er sich am liebsten von einem guten Wein oder einem wunderschönen Dessert. Und begeistern kann er sich immer wieder aufs neue für seine Familie, für seinen Beruf, für den Langstreckenlauf und für den SV Werder. Erschiene eine ausgesprochene Schönheit im Restaurant, freute er sich auf die Kommunikation. Ein Mann von heiterem Naturell und – apropos Schönheit – allem Schönen zugetan: Horst Peter Hauptmeier, Chef-Patissier im Park-Hotel, Bremens Nobelhaus. Wie schon im Band „Junge deutsche Küche“ vermerkt, sieht er sich als „normaler“ Koch, der allzugern für die Familie am Herd steht. Und da gibt es ein Rezept seiner Mutter, das er besonders zu schätzen weiß: Kartoffelpüree mit Leber und gebratenen Apfel- und Zwiebelstückchen. Das Elternhaus war es auch, das ihm ungewollt den Berufsweg wies. Horst Peter Hauptmeier: „Bei uns zu Hause wurde viel und gut gegessen. Und was man schätzengelernt hat, gibt man ungern auf . . .“

5

Begonienblüten in Champagnergelee

Für 4 Personen

Zutaten:	**Champagnergelee:**
8 Begonienblüten (eßbar)	*5 Blatt weiße Gelatine*
8 Kuvertüreplatten	*90 g Selterswasser*
	80 g Zucker
	¼ l Champagner

1. Die Gelatine fünf Minuten in kaltem Wasser einweichen.

2. Das Wasser mit dem Zucker aufkochen und umrühren, bis sich der Zucker aufgelöst hat. Von der Kochstelle nehmen.

3. Die Gelatine ausdrücken und in den heißen Zuckersirup rühren. Ein wenig abkühlen lassen, den Champagner vorsichtig eingießen.

4. Die Begonienblüten kalt abspülen, abtropfen lassen und in Kaffeetassen legen. Mit dem Gelee aufgießen, zwei Stunden kalt stellen.

5. Das Champagnergelee stürzen und auf Kuvertüreplatten setzen.

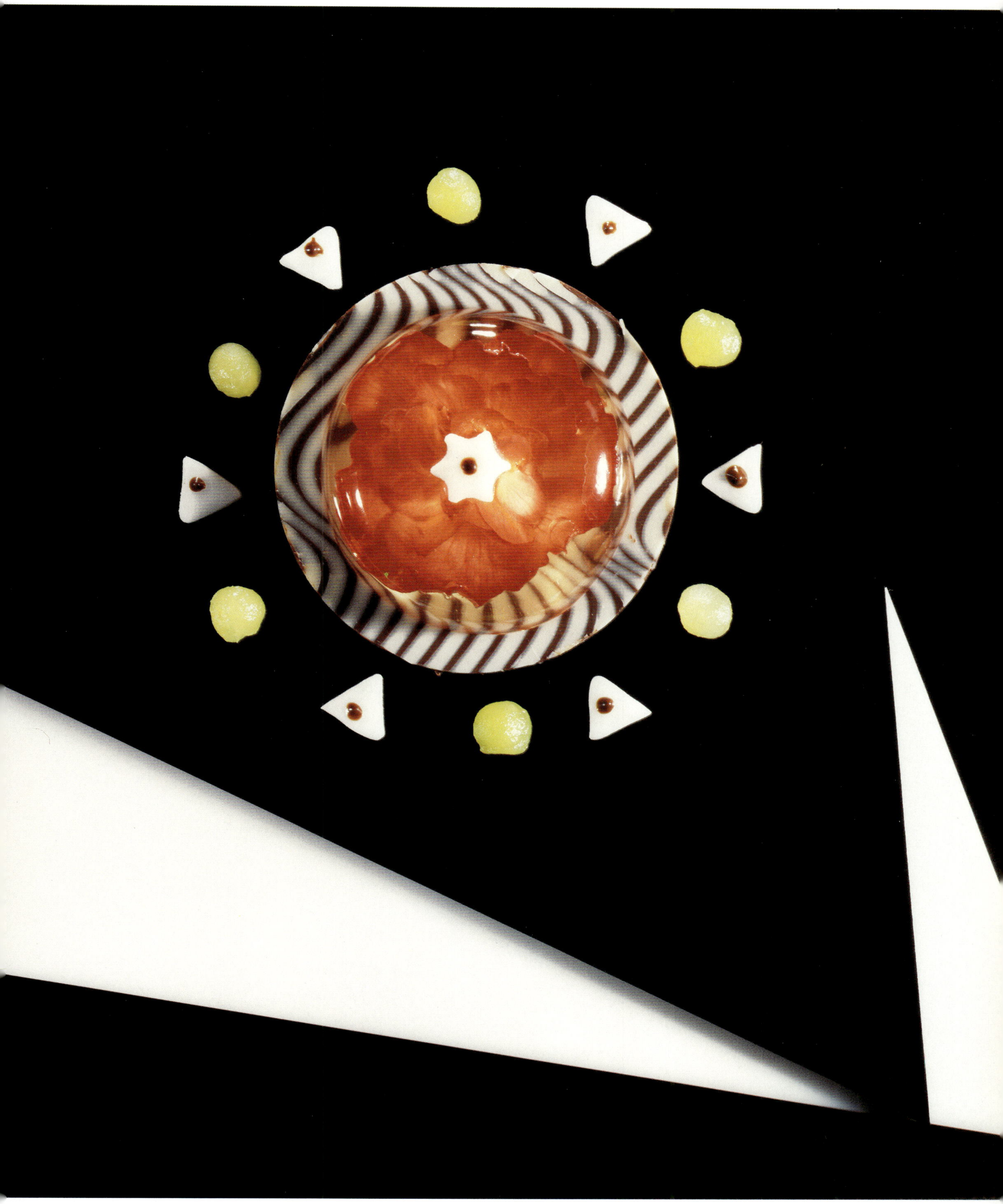

5

Variation von Marzipan und Aprikosen

Für 6 Personen

Schampionkapsel (schwere Biskuitmasse):	*70 g Zucker*
3 Eigelb	*Saft von einer Zitrone*
85 g Butter	*30 g Wasser*
85 g Zucker	*1 cl Apricot-Brandy*
Vanillemark	*20 g Agar Agar (Pulver)*
Zitronensaft	***Marzipanfüllung:***
Salz	*200 g Marzipanrohmasse*
3 Eiweiß	*2 cl Apricot-Brandy*
35 g Mehl	*60 g Selterswasser*
20 g Weizenpuder	***Modelliermarzipan:***
Aprikosenkonfitüre:	*100 g Marzipanrohmasse*
200 g reife frische Aprikosen	*30 g Staubzucker*

Schampionkapsel:

1. Das Eigelb mit der Butter und der Hälfte des Zuckers sowie den Gewürzen schaumig schlagen.
2. Das Eiweiß mit dem restlichen Zucker aufschlagen und unter das Eigelb heben. Zum Schluß das durchgesiebte Mehl und den Weizenpuder unterrühren.

3. Die Masse auf ein mit Backpapier belegtes Backblech aufstreichen und bei 220 °C und offenem Zug ca. vier bis fünf Minuten backen. Offener Zug: Möglichkeit des Dampfablassens (nur bei Profiherden).

Aprikosenkonfitüre (Man kann sie auch fertig kaufen):

4. Die Aprikosen waschen, entsteinen, kleinschneiden und mit dem Zucker pürieren.

5. Alle anderen Zutaten unterrühren, ca. eine Stunde quellen lassen. Dann aufkochen und zwei Minuten sprudeln lassen.

Marzipanfüllung:

6. Die Marzipanrohmasse, den Apricot-Brandy und das Selterswasser verkneten, zu einer streichfähigen Masse verarbeiten.

Modelliermarzipan:

7. Die Marzipanrohmasse mit dem Staubzucker verkneten.

Vollendung:

8. Die Schampionkapsel in vier gleiche Teile schneiden. Jedes Viertel mit Marzipanfüllmasse bestreichen und aufeinandersetzen. Etwas anpressen, über Nacht stehenlassen.

9. Mit einem Ausstecher von 5 cm Durchmesser Rundells herstellen und mit heißer Aprikosenkonfitüre überziehen. Rundell: rund ausgestochener, aufeinandergesetzter gebackener Teig.

10. Aus dem Modelliermarzipan Marzipanobst herstellen.

11. Ein Kuvertüreblättchen mit einem Durchmesser von 4 cm und das modellierte Marzipanobst auf die Rundells setzen.

5

Karamelisierter Barbaresco-Apfel auf Blätterteig mit Orangenschaumnockerln

Für 8 Personen

Zutaten:	*75 g Zucker*
Aprikosen	*½ Zimtstange*
Mandeln	*1 leere Vanilleschote*
Rosinen	*3 Äpfel*
Puderzucker	***Schaumnockerln:***
Blätterteig:	*3 Eigelb*
500 g Mehl	*85 g Zucker*
500 g Butter	*2½ Blatt weiße Gelatine*
¼ l Wasser	*⅛ l Blutorangensaft*
Salz und Essig	*Saft von ½ Zitrone*
1 Eigelb	*10 g Zucker*
Fond:	*2 Eiweiß*
¼ l Barbaresco (italienischer Rotwein)	*1 cl Grand Marnier*

1. Aus den angegebenen Zutaten für den Blätterteig einen Teig herstellen und „eintouren", d. h. eine einfache, eine doppelte, eine einfache, eine doppelte Tour (siehe folgende Seite).

2. Den Blätterteig messerdick ausrollen und zwei Stunden im Kühlschrank ruhen lassen. Anschließend bei 200 °C im Backofen backen.

3. Für den Fond Rotwein mit dem Zucker, Zimtstange und Vanilleschote aufkochen.

4. Die Äpfel schälen, das Kerngehäuse ausstechen, die Äpfel in 18 Segmente schneiden. In dem Rotweinfond weichdünsten.

5. Für die Schaumnockerln das Eigelb mit 85 g Zucker schaumig rühren.

6. Die Gelatine fünf Minuten in kaltem Wasser einweichen.

7. Den Blutorangensaft erhitzen, mit dem Zitronensaft in das Eigelb-Zucker-Gemisch geben und zur Rose abziehen (siehe folgende Seite). Die Gelatine ausdrücken und unterrühren. Die Masse abkühlen. 10 g Zucker mit Eiweiß und Grand Marnier aufschlagen und unter den

Schaum heben. In eine Cocotte (ofenfestes Kochgeschirr aus Porzellan oder Steingut) füllen und fest werden lassen.

8. Den gebackenen Blätterteig ausstechen, mit den Aprikosen (in Scheiben geschnitten und bißfest gedünstet) und Äpfeln belegen. Mandeln und Rosinen darauflegen. Dann Schaumnockerln abstechen, darauflegen und leicht mit Puderzucker bestäuben.

Erläuterung „eintouren":

Zuerst wird der Teig geknetet, dann ausgerollt, Butter eingehüllt und in zwei Richtungen ausgerollt.
Für die einfache Tour werden zuerst zwei Drittel des Teiges zusammengeklappt. Für die einfache und doppelte Tour wird das letzte Teigdrittel darübergeschlagen. Im Kühlschrank 20 Minuten ruhen lassen und wieder ausrollen. Es werden beide Seiten bis zur Mitte nach innen geschlagen, längs zusammengeklappt und ausgerollt. Nach der dritten Tour sind die Schichten sehr dünn – so wie sie sein sollen.
Für den Hausgebrauch kauft man den Blätterteig in guter Qualität als Fertigprodukt im Handel.

Erläuterung „zur Rose abziehen":

Fachausdruck. Eine Probe der Masse auf einem Löffelrücken ergibt beim Daraufblasen ein Bild wie Blätter der Rose.

Schokoladenmousse im Kuvertürekörbchen mit Baiserstäbchen

Für 4 Personen

Kuvertürekörbchen:	*10 g Kakaopulver,*
100 g Bitterkuvertüre	*stark entölt*
100 g Milchkuvertüre	*1 cl Rum*
Schokoladenmousse:	*1 Prise Salz*
2 Eigelb	*125 g Bitterkuvertüre*
20 g Zucker	*50 g Milchkuvertüre*
200 g Sahne	*2 Eiweiß*

1. Die Bitter- und Milchkuvertüre temperieren.

2. Die Milchkuvertüre auf starkes Backpapier streichen und mit einem Backkamm Streifen ziehen. Fest werden lassen und die dunkle Kuvertüre darüberstreichen. Kurz fest werden lassen und die gewünschten Teile für die Körbchen ausschneiden.

3. Eigelb und Zucker im Wasserbad warm und kalt schlagen. Dann die Sahne, den Kakao, den Rum und etwas Salz unterrühren.

4. Beide Kuvertüren schmelzen und die vorbereitete Masse unterheben.

5. Die Eiweiß steif schlagen und unterziehen.

6. Die Schokoladenmousse in die zusammengebauten Kuvertürekörbchen spritzen und mit Baiserstäbchen servieren.

6

Dieter Gerhard Gerdes

Restaurant Landhaus am Schloßpark in Rastede

Die leichte, die sogenannte „Neue Küche“: Das ist das Metier des Dieter Gerhard Gerdes. Er, der hierzulande zu den Besten seines Fachs zählt (9 von 10 Küchenpunkten im VIF-Restaurantführer), sieht in seinem Beruf das Hobby seines Lebens. Ganz im Sinne eines Wortes von Konfuzius: Die Freude am Essen ist das erste Glück. – Glück, das wäre für ihn auch, die Menschen für eine bessere Welt zu gewinnen – als Pastor oder Politiker. Auf der Wunschliste auch ein kleines Glück: Einmal für Eckart Witzigmann kochen zu dürfen! – Und er, der Vielseitige, wünschte sich überdies, wäre da noch Raum und Zeit neben der schönen Profession an den Herden des Rasteder Landhauses: als Restauranttester oder Gastro-Einrichtungsberater unterwegs zu sein.

6

Kartoffeltaler auf Kaviarsauce

Für 4 Personen

Zutaten:	*1/4 l Crème fraîche*
4 neue Kartoffeln	*100 g eiskalte Butter*
Kümmel	*4 EL Kaviar*

1. Die gut gebürsteten Kartoffeln in der Schale mit Kümmel ca. 20 Minuten kochen – oder besser dämpfen. Danach auskühlen lassen, wenn nötig pellen, und in gleichmäßig dicke Scheiben schneiden.

2. Die Crème fraîche einmal aufkochen, die eiskalte Butter in kleinen Portionen mit dem Pürierstab einarbeiten.

3. Die Crème fraîche abkühlen lassen und den Kaviar unterheben.

4. Die Kartoffelscheiben erwärmen, auf vorgewärmten Tellern anrichten und mit der kalten Kaviarsauce umgießen.

Ostfriesischer Feta-Käse in Trüffel-Vinaigrette

Für 4 Personen

Zutaten:	*1 EL roter alter Portwein*
2 ostfriesische Feta-Käse	*1 EL trockener Madeira*
(Kuhmilch-Käse)	*4 EL Trüffelöl*
1–2 Sommertrüffeln	*2 EL alter Balsam-Essig*

1. Den ostfriesischen Feta-Käse einmal teilen.

2. Die Sommertrüffeln in Scheiben schneiden und in dem mit Portwein und Madeira versetzten Trüffelöl eine Nacht marinieren. Dieses Öl mit Balsam-Essig zu einer Vinaigrette verarbeiten.

3. Den Feta-Käse mit der Trüffel-Vinaigrette übergießen.

Frühlingsrolle mit Garnelen und Currysauce

Für 4 Personen

Zutaten:	*2 EL Crème double*
4 Garnelen	*oder Crème fraîche*
Chinagewürz	*100 g eiskalte Butter*
4 Wirsingblätter	*Salz*
1 Paprikaschote	*Pfeffer aus der Mühle*
Olivenöl	*Zitronensaft*
1 EL Madras-Currypulver	*geklärte Butter*
½ l Fischfond	*4 Blatt Frühlingsrollenteig*

1. Garnelen ausbrechen, den Darm entfernen und die Garnelen mit Chinagewürz bestreuen.

2. Die Wirsingblätter in leicht gesalzenem kochendem Wasser blanchieren und in leicht gesalzenem Eiswasser abschrecken. Abtropfen lassen.

3. Die Paprikaschote häuten und in Streifen schneiden.

4. Die Garnelenschalen in Öl anrösten und mit Currypulver bestäuben. Mit Fischfond auffüllen und reduzieren. Den Fond anschließend durch ein Sieb gießen, mit der Sahne und der eiskalten Butter im Mixer aufschlagen. Mit Salz und Pfeffer würzen und mit etwas Zitronensaft abrunden. Abschmecken.

5. Die Garnelen in gefällige Stücke schneiden und diese dann kurz in Butter anrösten.

6. Den Frühlingsrollenteig nun mit den Paprikastreifen, dem Wirsing und den Garnelen belegen und aufrollen. In geklärter Butter kroß braun rösten.

7. Die Frühlingsrollen auf vorgewärmten Tellern anrichten und mit der Sauce umgießen.

Hasenrückenfilet im Backpflaumenmantel

Für 4 Personen

Zutaten:	*150 g Backpflaumen, entsteint*
2 Hasenrückenfilets	*½ l Rotwein*
oder 1 Hasenrücken	*1 Zimtstange*
Salz	*10 grüne Pfefferkörner*
Pfeffer aus der Mühle	*50 g eiskalte Butter*

1. Die Hasenrückenfilets mit Salz und Pfeffer würzen und im 80 °C warmen Backofen 60 Minuten garen, anschließend auskühlen lassen.

2. Die Backpflaumen im Rotwein mit der Zimtstange und den grünen Pfefferkörnern aufkochen. Abkühlen.

3. Die Backpflaumen gut abtropfen lassen, auf einer Alufolie zu einem Rechteck ausbreiten und darauf die Hasenrückenfilets plazieren. Das Ganze einrollen und einige Stunden im Kühlfach gut durchkühlen.

4. Den Rotwein-Pflaumen-Fond passieren und auf ⅛ Liter einkochen. Die eiskalte Butter mit dem Pürierstab in kleinen Portionen einarbeiten. Würzen und abschmecken.

5. Die Hasenrückenrollen aus der Folie wickeln und mit einem Elektromesser aufschneiden. Mit der Sauce anrichten.
Dazu passen Wirsingröllchen.

7

Ernst Heiner Hüser

Auberge Le Concarneau in Bielefeld

An der Wiege hatte ihm wohl keiner gesungen, daß er, der Verlegerssohn, einmal zu den prominentesten Köchen Deutschlands zählen sollte. Da mögen die Eltern wohl eher Betriebswirtschaftliches erwogen haben. Wie auch immer, letztlich war's vor Jahren ein Kurzurlaub in Berlin, der den jungen Hüser spontan bewog, sich im „Kempinski" als Kochlehrling zu empfehlen. Gesagt, getan. Im Anschluß dann zehn Jahre in Frankreich, die das verfestigten, was heute im Ergebnis feststellbar ist: Französisches à la Hüser – leicht, fein, unverwechselbar. Ließe ihm das filigrane Handwerk mit der hohen Abforderung aller Kräfte noch ein wenig Zeit, übte er sich zusätzlich gern als Winzer und Sommelier, Aromen nachschnüffelnd, der Melancholie manches Weines nachspürend. Dabei vielleicht Mozart hörend, seinen Lieblingskomponisten – oder Gitarrenmusik, ein Instrument, das er selber beherrscht. Ernst Heiner Hüser, ein Mann der leisen Töne im Dienst der Lebensfreude auf dem speziellen Sektor der besonderen Gastronomie.

7

Roher Lachs und Steinbutt mit Zucchinisalat

Für 2 Personen

Zutaten:	*100 g Lachsfilet*
1 Zucchini	*100 g Steinbuttfilet*
Olivenöl	*Zitronensaft*
Basilikum	*10 g Kaviar*
Salz, Pfeffer aus der Mühle	*Kräutersenf*

1. Die Zucchini kalt abspülen, abtrocknen und die Enden abschneiden. Das Fruchtfleisch in Scheiben schneiden, in erhitztem Olivenöl anbraten.

2. Mit Basilikum, Salz und Pfeffer würzen, als Salat abschmecken.

3. Die Lachs- und Steinbuttfilets sehr dünn schneiden, mit Salz und Pfeffer würzen und mit etwas Zitronensaft marinieren.

4. Das Lachsfilet mit Kaviar, das Steinbuttfilet mit Kräutersenf bestreichen. Beides auf dem Zucchinisalat anrichten.

7

Austern mit Kaviar und Gemüse-Vinaigrette

Pro Person 6 Austern

Zutaten:	*Gemüse-Vinaigrette*
Austern	*Kaviar*

1. Die Austern öffnen und von der Schale lösen.
2. Mit Gemüse-Vinaigrette beträufeln und etwas Kaviar darauf geben.

7

Gebackene Langostino-Schwänze mit Strohkartoffeln

Für 2 Personen

Zutaten:	*Mehl*
10 Langostinos	*Semmelbrösel*
Salz	*5 Kartoffeln*
Pfeffer aus der Mühle	*1 l Fritieröl*
2 Eier	

1. Die Langostino-Schwänze auslösen, mit Salz und Pfeffer würzen. Mit den verquirlten Eiern, Mehl und Semmelbröseln panieren.

2. Die Kartoffeln mit Hilfe eines Gemüseschneiders in feine dünne Streifen schneiden und in kaltem Wasser abspülen. Abtropfen lassen. In 180 °C heißem Fritierfett goldgelb garen und mit Salz würzen.

3. Die Langostino-Schwänze anschließend in der Fritüre garen.

Kaninchennieren mit Kräuterchampignons

Für 2 Personen

Zutaten:	*Salz*
12 Kaninchennieren	*Pfeffer aus der Mühle*
5 Champignons	*Kräuterbutter*

1. Die Nieren wässern, von Haut und Röhren befreien.

2. Die Champignons putzen.

3. Die Kaninchennieren mit den Champignons auf einem Holzspieß aufreihen, mit Salz und Pfeffer würzen. In einer tiefen Pfanne in reichlich Kräuterbutter anbraten.

4. Beliebig mit Salatblättern garnieren.

8

Harald Schmitt

Restaurant Orangerie im Hotel Nassauer Hof in Wiesbaden

Verfeinertes aus der guten alten Zeit: Das ist es, worauf sich Harald Schmitt mit seiner „Deutschen Küche“ eingeschworen hat. Da mag auch das Elternhaus wegweisend gewirkt haben. Erinnert er sich doch beispielsweise an dieses Rezept seiner Mutter besonders gern: Spargelgemüse mit Pfannkuchen. Und nach „höchsten Genüssen“ befragt, zieht er gleich drei in Betracht: gegrillter Mittelmeerfisch auf Korsika, Ziegenkäse und korsischer Wein. Oder: Austern, Lobster und kalifornischer Chardonnay im Hafen von Boston. Und: Handkäse mit Musik bei einem Rheingauer Winzer. Apropos Wein. Zöge er das ganz große Los, kaufte er sich ein Weingut, um für den eigenen Bedarf zu produzieren und dann nur noch für Freunde zu kochen. Und so ganz nebenbei könnte er sich in der Rolle eines Food-Stylisten durchaus gefallen. So bliebe für ihn erhalten, was so schnell verloren, weil verzehrt worden ist.

Geldbeutel mit Pilzen

Für 2 Personen

Zutaten:	*Cayennepfeffer*
2 Bögen Reispapier	*Zitronensaft*
200 g Pilze (je nach Saison: Steinpilze,	*1 EL Radieschensprossen*
Shiitake-Pilze, Maronen, Pfifferlinge etc.)	*1 EL geschnittene Blattpetersilie*
1 Schalotte	*ganze Schnittlauchstiele*
15 g Butter	*Fritierfett*
1 EL Grünkernmehl	*Feldsalat*
2 EL Crème fraîche	*Shiitake-Pilze*
Salz	*kandierter Meerrettich*

1. Das Reispapier in einem feuchten Tuch anfeuchten.

2. Die Pilze putzen und kleinwürfelig schneiden.

3. Die Schalotte schälen, fein hacken und in Butter anschwitzen. Die Pilze daraufgeben und farblos dünsten. Mit 1 EL Grünkernmehl anstäuben und mit 2 EL Crème fraîche aufkochen. Mit Salz, Cayennepfeffer und Zitronensaft würzen, abschmecken. Radieschensprossen und Blattpetersilie unterrühren und auskühlen lassen.

4. Das Reispapier entsprechend groß und rund ausstechen, mit einem Teelöffel etwas Pilzmasse daraufgeben. Das Reispapier zu einem Säckchen zusammendrehen und mit blanchierten Schnittlauchstielen zubinden.

5. Die Pilzsäckchen in heißem Fett goldgelb fritieren. Mit etwas Feldsalat und gebratenen Shiitake-Pilzen anrichten, mit kandiertem Meerrettich garnieren.

Labskausschnitten

Für 2 Personen

Zutaten:	*2 EL Crème fraîche*
1 kleine Zwiebel	*Salz*
Schmalz	*Dill*
100 g gekochte mehlige	*Toastbrotscheiben*
Kartoffelwürfel	***Garnitur:***
120 g gekochtes Pökelfleisch	*Wachteleier*
100 g gekochte Rote Bete	*Matjesröllchen*
1 Salzgurke	*1 Salzgurke*

1. Die Zwiebel schälen, fein hacken und in Schmalz glasig dünsten.
2. Die Kartoffeln dazugeben und etwas zerstampfen.
3. Pökelfleisch, Rote Bete und Salzgurke kleinwürfelig schneiden, zu den Kartoffeln geben und die Crème fraîche unterrühren. (Einige Rote-Bete-Würfel für die Garnitur beiseite legen.)
4. Die vorbereitete Masse mit Salz würzen.
5. Dill fein schneiden, unterrühren und das Labskaus abschmecken.
6. Toastbrotscheiben toasten, diagonal halbieren und etwas abgekühlte Labskausmasse daraufgeben.
7. Mit jeweils einem Wachtelspiegelei und Roter Bete garnieren. Matjesröllchen und Gurkenfächer dazulegen.

8

Rauchlachsroulade mit Zuckerschoten

Für 4 Personen

Zutaten:	*frisch geriebener Meerrettich*
8 Scheiben geräucherter Lachs	*Dill*
Pergamentpapier	*80 g Forellenkaviar*
125 g Doppelrahm-Frischkäse	*Zuckerschoten*
40 g weiche Butter	*Crème fraîche*
Saft von ½ Zitrone	*Pumpernickelscheiben, rund*
Salz	*ausgestochen*
Cayennepfeffer	*Radieschen*

1. Die Rauchlachsscheiben nebeneinander auf einen Bogen Pergamentpapier legen.

2. Doppelrahm-Frischkäse, weiche Butter und einige Tropfen Zitronensaft mit dem Schneebesen schaumig rühren.

3. Mit Salz, Cayennepfeffer und etwas Meerrettich würzen und abschmecken.

4. Dill fein schneiden und mit dem Forellenkaviar zugeben.

5. Käsemasse auf die Rauchlachsscheiben streichen. Mit dem Pergamentpapier zu einer Roulade aufrollen und gut durchkühlen lassen.

6. Die Zuckerschoten kurz in leicht gesalzenem Wasser blanchieren und in leicht gesalzenem Eiswasser abschrecken. Abtropfen lassen und mit Crème fraîche füllen (Schoten mit kleinem Messer seitlich aufschlitzen, von innen mit Crème fraîche dick bestreichen).

7. Die Lachsroulade mit dem Elektromesser aufschneiden und auf Pumpernickel-Canapés legen. Mit Zuckerschoten, Forellenkaviar, Dillspitzen und Radieschen garnieren.

Spargel mit Parmaschinken, gebacken

Pro Person 60 g Spargelspitzen

Zutaten:	*Mie de pain (entrindetes Weißbrot,*
Spargelspitzen, ca. 10 cm lang	*angetrocknet und gerieben)*
Salz	***Sauce maltaise:***
Parmaschinken	*2 Eigelb*
Mehl	*Saft von 1 Blutorange*
1 Ei	*50 g weiche Butter*
geklärte Butter	*Blutorangenfilets als Garnitur*

Man kann auf dem Markt für dieses Gericht auch Bruchspargel, in dem überwiegend Spitzen sind, kaufen. Ebenso läßt sich übriggebliebener Spargel auf diese Weise gut verwerten.

1. Die Spargelspitzen acht Minuten in Salzwasser kochen, abtropfen und etwas abkühlen lassen.

2. Die Spargelspitzen in Parmaschinken einwickeln, so daß die Spitzen herausschauen.

3. In Mehl wälzen, durch verquirltes Ei ziehen und in frischem Mie de pain rollen.

4. Anschließend in geklärter heißer Butter herausbacken.

5. Für die Sauce maltaise das Eigelb verrühren und mit dem Saft der Blutorange in einer Schüssel über heißem Wasserdampf bis zur Bindung aufschlagen. Die weiche Butter flöckchenweise einarbeiten.

6. Den mit Parmaschinken gebackenen Spargel mit der Sauce maltaise und den Blutorangenfilets anrichten.

9

Herbert Langendorf

Restaurant Ente vom Lehel in Wiesbaden

Feines ohne Schnickschnack. Von der Könnerschaft eines Mannes, der weit über die Grenzen Wiesbadens und Hessens hinaus – mit Hans-Peter Wodarz – ein Begriff ist: Herbert Langendorf, Sohn eines Maurers aus Bad Camberg. Er, der selbst aus Passion den Genuß programmiert und zu präsentieren versteht, schwärmt beispielsweise in eigener Sache von dieser höchsten Gaumenfreude: Spiegelei mit Rahmspinat und Alba-Trüffel – auf dem Gipfel eines Viertausenders! Wen wundert's, schließlich ist dieser Koch auch Bergsteiger. Nach einer kräftezehrenden Tour geriete dann dies zum Lieblingsgericht: Ente, kroß gebraten, mit Kartoffelsalat. Danach könnte er sich für sein Lieblingsgetränk begeistern, eine „Kalte Ente“: Zitronenspirale in Wiesbadener Neroberg angesetzt und mit Fürst-von-Metternich-Sekt aufgegossen.

Langostino-Krusteln auf Blumenkohlragout

Für 4 Personen

Zutaten:	*Saft von ½ Zitrone*
1 Schalotte	*8 Langostinos*
Butter	*4 Weizenteigtaschen*
80 g Blumenkohlstiele	*1 Eigelb*
0,1 l Geflügelbrühe	*Fritierfett*
0,1 l Sahne	*160 g gekochte und gehackte*
Salz, Pfeffer aus der Mühle	*Blumenkohlröschen*
Muskat	*getrocknetes Hummermark*

1. Die Schalotte schälen, fein hacken und in Butter anschwitzen. Blumenkohlstiele schälen, dazugeben, mit Geflügelbrühe und Sahne auffüllen. Mit Salz, Pfeffer, Muskat, Zitronensaft würzen und weich kochen. Anschließend im Mixer pürieren und durch ein Sieb streichen.

2. Vier Langostinos mit Salz und Pfeffer würzen und auf die Weizenteigtaschen legen. Den Rand der Teigtaschen mit verquirltem Eigelb bestreichen und zusammendrücken. In der Friteuse in erhitztem Fett ca. zwei Minuten bei 160° C backen.

3. Die restlichen vier Langostinos mit Salz und Pfeffer würzen und in erhitzter Butter in einer Bratpfanne braten.

4. Die gekochten gehackten Blumenkohlröschen in die fertige Sauce geben und erhitzen.

5. Das Blumenkohlragout auf vorgewärmte Teller verteilen. Die gebakkenen und die gebratenen Langostinos dazu anordnen und mit getrocknetem Hummermark garnieren.

Souffliertes Kalbsfilet

Für 2 Personen

Zutaten:	*80 g grüne Kalbfleischfarce*
20 g Lauch, in Würfel geschnitten	*(bestehend aus 40 g kleingeschnittenem*
20 g Sellerie, in Würfel geschnitten	*magerem Kalbfleisch, 15 g blanchiertem,*
20 g Karotten, in Würfel geschnitten	*ausgedrücktem Spinat)*
10 g Butter	*35 g Sahne, 1 EL Eiweiß, Salz,*
0,2 l Sahne	*Pfeffer – alles fein püriert*
0,2 l Kalbsfond	*80 g Kartoffelstreifen*
Salz, Pfeffer aus der Mühle	*Butterschmalz*
160 g Kalbsfilet	*20 g Trüffelstäbchen*

1. Lauch-, Sellerie- und Karottenwürfel in einem Kochtopf mit Butter anschwitzen. Mit Sahne und Kalbsfond auffüllen, fünf Minuten durchkochen. Mit Salz und Pfeffer würzen, abschmecken.

2. Kalbsfilet in kleine Medaillons schneiden, binden und kurz in einer Bratpfanne von beiden Seiten anbraten. Mit Salz und Pfeffer würzen und auskühlen lassen.

3. Die Kalbsmedaillons mit einem Tuch abtupfen. Mit der grünen Farce souffliieren und für ca. acht Minuten bei 150° C in den Backofen schieben. Anschließend ruhen lassen.

4. Die feinen Kartoffelstreifen in Butterschmalz goldgelb ausbacken. Danach abtropfen lassen, mit Salz und Pfeffer würzen.

5. In die Mitte der Teller einen Saucenspiegel gießen und darauf die souffliierten Kalbsfilets plazieren.
Dekorativ mit Trüffelstäbchen und den Kartoffelstreifen umlegen.

9

Gänseleber und Weißkraut mit Sesamstrudelblättern

Für 2 Personen

Zutaten:	*30 g Sesam*
120 g Weißkraut	*250 g Butterschmalz*
5 EL Essig	*2 Schalotten*
Salz	*20 g Butter*
Pfeffer aus der Mühle	*0,1 l Champagner*
1 Gewürzbeutel (Wacholder	*0,1 l Sahne*
Pfefferkörner, Lorbeerblatt)	*60 g gekühlte Gänsestopfleber*
12 Strudelblätter	*0,1 l dunkle Geflügelsauce*
1 Eigelb	*(Glace)*

1. Weißkraut waschen, dicken Strunk und dicke Rippen entfernen. Die Weißkohlblätter in feine Streifen schneiden, mit Essig, Salz, Pfeffer und einem Gewürzbeutel marinieren und beschweren.

2. Strudelblätter rund ausstechen, mit verquirltem Eigelb bestreichen und mit Sesam bedecken. In zwei Portionen in Butterschmalz ausbacken.

3. Schalotten schälen, fein hacken und in einem Kochtopf in Butter anschwitzen. Mit Champagner ablöschen, mit Sahne auffüllen. Zur gewünschten Konsistenz einkochen, mit Salz und Pfeffer würzen und abschmecken.

4. Das marinierte Weißkraut erhitzen und abschmecken.

5. Die Gänsestopfleber rund ausstechen, mit Salz und Pfeffer würzen. In einer heißen Bratpfanne mit wenig Fett von beiden Seiten braten.

6. Die Strudelblätter, den Weißkohl und die Gänseleber nacheinander anrichten. Die Sauce aufschlagen, an beiden Seiten angießen, mit einem Tropfen Glace (eingekochte Fleischsauce ohne Bindung) verzieren.

Gebratene Jakobsmuscheln und dreierlei Kartoffeln

Für 2 Personen

Zutaten:	1 Bund Schnittlauch
2 Schalotten	8 Jakobsmuscheln
20 g Butter	160 g Kartoffelpüree
0,05 l Weißwein	40 g blaue Kartoffelwürfel
0,1 l Fischfond	40 g rote Kartoffelwürfel
0,1 l Sahne	(blaue und rote Kartoffeln sind
Salz, Pfeffer aus der Mühle	im Gourmet-Handel erhältlich)

1. Die Schalotten schälen, fein hacken und in Butter anschwitzen. Mit Weißwein und Fischfond auffüllen und reduzieren. Die Sahne dazugeben und einkochen, bis die gewünschte Konsistenz erreicht ist. Mit Salz und Pfeffer würzen; mit dem Pürierstab aufschlagen.

2. Schnittlauch waschen und trockentupfen. Einige Schnittlauchstiele für die Dekoration beiseite legen. Den übrigen Schnittlauch fein schneiden und unter die Sauce rühren.

3. Die Jakobsmuscheln mit Salz und Pfeffer würzen. In erhitzter Butter von beiden Seiten goldbraun braten.

4. Das Kartoffelpüree und die Kartoffelwürfel erhitzen.

5. Jakobsmuscheln und Kartoffelpüree mit der Schnittlauchsauce in Schmetterlingsform anrichten. Die blauen und roten Kartoffelwürfel auf das geschmorte Kartoffelpüree verteilen. Zum Schluß die Schnittlauchstiele dekorativ dazu anordnen.

10

Hans-Stefan Steinheuer

Steinheuer's Restaurant Zur Alten Post in Bad Neuenahr-Heppingen

Koch zu werden, das war für ihn keine Frage einer Initialzündung oder eines Schlüsselerlebnisses. Hans-Stefan Steinheuer ist der ideale Sohn eines in der Gastronomie wirkenden Elternpaares. Die Mitarbeit im Betrieb von Vater und Mutter, wie er es nennt, war eine freudige. Und das von Anfang an. Seitdem hält ihm auch der Erfolg die Treue. Apropos Mutter: An deren Waffeln erinnert er sich allzugern. An Klares, Geradliniges, Unverschnörkeltes aus ihrer Küche ebenso. Hans-Stefan Steinheuer – auch ein Mann, der Klarheit schätzt, belegt mit diesem Exkurs in Kurzform: Was er nicht schätzt – Unzuverlässigkeit. Wenn eine ausgesprochene Schönheit sein Restaurant betritt: Hinschauen! Erscheint ein Gastro-Kritiker, dann kommt Ehrgeiz auf. Das Lieblingsgericht? Gegrillte Languste. Gäbe es da noch etwas anderes als die Profession des Kochs? Unternehmensberatung Gastronomie.

Langostino-Sateh mit Jakobsmuscheln und rosa Pfeffer auf Curry-Chutney

Für 4 Personen

Zutaten:	*Butter*	***Sauce:***
12 Langostinos o. Schale	*verschiedene Blattsalate*	*4 cl Ananassaft*
Salz	*rosa Pfeffer aus der Mühle*	*2 cl Noilly-Prat*
Zitronensaft	***Vinaigrette:***	*2 cl Weißwein*
1 Ei	*1 cl Himbeeressig*	*½ TL indisches*
2 Scheiben Toastbrot ent-	*2 cl Walnußöl*	*Currypulver, Salz*
rindet und fein gerieben	*2 cl Geflügelbrühe*	*4 EL Crème fraîche*
6 Jakobsmuscheln	*Salz, Glutamat*	*1 EL Mango-Chutney*
Fett zum Ausbacken der	*weißer Pfeffer aus der*	*Mango, säuerlicher Apfel,*
Langostinos	*Mühle*	*Papaya, in kleinen Würfeln*

1. Aus Himbeeressig, Walnußöl und Geflügelbrühe mit etwas Salz, Glutamat und Pfeffer eine Vinaigrette herstellen.

2. Für die Sauce Ananassaft, Noilly-Prat und Weißwein auf ¼ der Flüssigkeit im offenen Kochtopf einkochen. Mit indischem Currypulver würzen, abkühlen lassen und unter die Crème fraîche rühren. Mit dem Pürierstab aufschlagen. Mango-Chutney durch ein Sieb streichen und zugeben. Ebenfalls die in Brunoise geschnittene Mango, den Apfel und die Papaya. Mit Salz und etwas Vinaigrette würzen, abschmecken.

3. Die Langostinos mit Salz und Zitronensaft würzen, anschließend in aufgeschlagenem Ei und geriebenem Toastbrot panieren. Je drei Langostinos auf einem Spieß in 160° C heißem Fett 30 Sekunden garen.

4. Die Jakobsmuscheln in dünne Scheiben schneiden, würzen und auf eine ausgebutterte Edelstahlplatte legen. Mit Vinaigrette beträufeln und unter dem Salamander oder Grill behutsam garen.

5. Die Blattsalate kalt abspülen, putzen, trockentupfen und durch die Himbeer-Vinaigrette ziehen. Abschmecken und abtropfen lassen.

6. Die fritierten Langostinos und die Jakobsmuscheln auf der Curry-Chutney-Sauce anrichten. Sateh: Fleischspießchen (indonesisch).

Gänsestopfleber-Ravioli mit Cassis und Birne

Für 4 Personen

Zutaten:	*2 cl Crème de Cassis*
250 g Gänsestopfleber	*0,1 l kräftiger Kalbsjus*
Salz	*1000 g Butterschmalz*
weißer Pfeffer aus der Mühle	***Brandteig:***
1 cl Cognac	*90 g Milch*
1 Eigelb zum Bestreichen	*8 g Butter*
2 Birnen	*60 g Mehl*
Läuterzucker	*Salz, Cayennepfeffer*
4 cl Cassismark	*1 Eigelb*

1. Für die Ravioli einen Brandteig herstellen: Milch mit Butter aufkochen, das Mehl hineinschütten, mit Salz und Cayennepfeffer würzen und auf kleiner Flamme zu einem glatten Kloß rühren. Unter ständigem Rühren den Mehlteig abbrennen, bis er sich kompakt vom Topf löst und sich auf dem Topfboden ein weißer Belag bildet. Den Teig in eine Schüssel geben, das Eigelb unterrühren. Den Ravioliteig auskühlen lassen und anschließend auf der Nudelmaschine dünn ausrollen.

2. Die Gänsestopfleber in 12 gleich große Stücke teilen. Mit Salz, weißem Pfeffer und Cognac würzen. Die Stopfleberwürfel in kleinen Häufchen auf die Hälfte der Nudelplatte verteilen. Die Zwischenräume und Teigränder mit Eigelb bestreichen. Die zweite Teighälfte darüberklappen. An den Rändern und in den Zwischenräumen andrücken und Ravioli ausstechen.

3. Die Birnen tournieren (in Form scheiden) und in Läuterzucker bißfest pochieren.

4. Cassismark mit Crème de Cassis und Kalbsjus reduzieren und abschmecken.

5. Die Ravioli in 160° C heißem Butterschmalz goldgelb ausbacken.

6. Cassissauce und Birnen mit den ausgebackenen Ravioli anrichten.

10

Kartoffel-Sauerkraut-Suppe mit Blutwurst

Für 4 Personen

Zutaten:	*Salz, Pfeffer aus der Mühle*
2 Schalotten, in Streifen geschnitten	*Lorbeerblatt*
50 g Butter	*1 Zweig Thymian*
0,1 l Weißwein	*50 g Dörrfleisch*
0,3 l Brühe	*1 EL Crème fraîche*
0,5 l Sahne	*Salz*
200 g Kartoffeln, in Streifen geschnitten	*Cayennepfeffer*
150 g Sauerkraut mit viel Saft	*1 schnittfeste Blutwurst (zum Braten geeignet)*
0,5 l Brühe	

1. Die Schalotten in Butter anschwitzen. Mit Weißwein, Brühe und Sahne auffüllen. Kartoffelstreifen dazugeben und ca. 18 Minuten kochen.

2. Das Sauerkraut etwas kleinschneiden und in Brühe mit den Gewürzen und dem kleingeschnittenen Dörrfleisch in ca. 15 Minuten gar kochen.

3. Das Sauerkraut mit passierter Brühe zu den gegarten Kartoffeln geben. Mit Crème fraîche, Salz, Cayennepfeffer würzen und abschmecken.

4. Für die Einlage die Blutwurst in Scheiben schneiden und braten.

Geschmorter Kalbskopf mit gebackenem Salbei

Für 4 Personen

Zutaten:	*2 Knoblauchzehen*	*Butterschmalz*
1 Kalbsbacke mit Maske	*Olivenöl*	*8 weiße Rübchen mit Grün*
(Kopf ohne Knochen)	*1 EL Tomatenmark*	*8 Rote Bete mit Grün*
Salz, Pfeffer (Mühle)	*0,5 l Burgunderrotwein*	*60 g Kaiserschoten*
250 g Röstgemüse (Zwie-	*1 l Kalbfleischbrühe*	*100 g dicke grüne Bohnen-*
bel, Karotte, Sellerie),	*1 Spritzer Balsamico-Essig*	*kerne aus der Schale*
gewürfelt	*je 120 g gekochte Kalbs-*	*8 Stangen grüner Spargel*
1 Lorbeerblatt	*zunge, blanchiertes*	*40 g Morcheln, Butter*
1 Zweig Thymian	*Kalbsbries, Kalbshirn*	*100 g Hörnchenkartoffeln*
1 Zweig Rosmarin	*1 Ei, 50 g Weißbrot, Peter-*	*1 kl. Bund Salbei*
5 Salbeiblätter	*silie u. Schnittlauch, gehackt,*	*4 Wachteleier*

1. Die Kalbsbacke salzen und pfeffern, mit Röstgemüse, Kräutern und Knoblauch in Öl leicht anbraten und herausnehmen, das Gemüse mit Tomatenmark weiterrösten. Mit Rotwein ablöschen und einkochen. Mit der Fleischbrühe auffüllen und die Backe darin gar kochen.

2. Die Sauce auf ca. 0,3 Liter im offenen Topf einkochen. Durch ein Sieb schütten und mit etwas Balsamico-Essig würzen, abschmecken.

3. Kalbszunge und Backe in Scheiben in der Sauce warmhalten.

4. Das blanchierte Kalbsbries von Sehnen und Häuten befreien. Das Bries in Röschen ablösen, größere Stücke und das Kalbshirn in Scheiben schneiden. Beides in verquirltem Ei wenden, mit geriebenem Weißbrot und Kräutern panieren und in Butterschmalz goldgelb ausbacken.

5. Das Gemüse in leicht gesalzenem Wasser bißfest garen, abgetropft in erhitzter Butter schwenken. Mit Salz und Pfeffer würzen und anrichten.

6. Hörnchenkartoffeln in Scheiben in Butter anbraten.

7. Die Scheiben von Kalbszunge und -backe mit der Sauce dazugeben, ebenso Kalbsbries und Kalbshirn. Dazu gebackene Salbeiblättchen.

8. Von den Wachteleiern Spiegeleier braten und obenauf legen.

Manfred Schwarz

Restaurant Schwarzer Hahn im Deidesheimer Hof in Deidesheim

Schwarz weiß genau, was er kann, was er will – und was ihm das wert ist. So charakterisierte ihn schon Hans Peter O. Breuer in „Junge deutsche Küche". Und da er sich immer wieder für sein gastronomisches Konzept begeistern möchte, hat es sich wie folgt darzustellen: Menü-Folge harmonisch abgestimmt, optisch brillant angerichtet und präsentiert, ein Nonplusultra an Geschmacksintensität – und hundertprozentig passende Getränke. Manfred Schwarz, einst ein Zauberlehrling bei Paul Mertschuweit und Hermann Bareiss, Franz Keller, Emile Jung und Heinz Winkler, ist heute selbst ein Zauberer mit enormer Ausstrahlung – vom Können wie vom Habitus. Gorbatschow kann das bestätigen. Wen wundert's dann, daß der Mann aus Deidesheim im Hause der tüchtigen Familie Hahn gern zwei weitere Weltberühmtheiten an seinem Tisch sähe: die Präsidenten Bush und Mitterrand. Übrigens, Manfred Schwarz hat es schon als Kind „erwischt": an Mutters Herd. Dort experimentierte er (kochend) schon damals für sein Leben gern. Aus jener Zeit stammt wohl auch sein Lieblingsgericht: Nudelauflauf.

Pfälzer Hausmacher-Pizza

Pro Person 60 g Mürbeteig

Zutaten:	*Blutwurstwürfel*
Gesalzener Mürbeteig	*Gurkenwürfel*
oder Blitz-Blätterteig	*rote und gelbe Paprikawürfel*
Leberwurst	*Salz*
Apfelwürfel	*Pfeffer aus der Mühle*
Sauerkraut	*Schnittlauch*

1. Förmchen mit Mürbeteig belegen.

2. Mit Leberwurst bestreichen und die übrigen Zutaten lose darauf verteilen.

3. Die kleinen Pfälzer Hausmacher-Pizzen im Backofen bei 220 °C ca. 20 Minuten backen.

4. Den Schnittlauch waschen, trockentupfen und in feine Ringe schneiden.

5. Die Pizzen mit dem Schnittlauch bestreuen und sofort servieren.

Gegrillte Speckpflaumen auf gebackener Griebenwurst

Für 2 Personen

Zutaten:	*100 g durchwachsener Speck*
12 Dörrpflaumen	*12 kleine Blutwurstscheiben*

1. Die Dörrpflaumen einweichen, den Stein entfernen.

2. Die Dörrpflaumen abtropfen lassen.

3. Den durchwachsenen Speck in dünne Scheiben schneiden und die Dörrpflaumen darin einwickeln. In einer Bratpfanne kroß braten und auf kleine gebackene Blutwurstscheiben legen.

Heiß servieren!

Frisch gebackene Kartoffelchips mit Ratatouille gefüllt

Für 4 Personen

Zutaten:	*Balsamico-Essig*
2 kleine Zucchini	*Knoblauchöl*
½ Aubergine	*Salz*
½ gelbe Paprikaschote	*Pfeffer aus der Mühle*
½ rote Paprikaschote	*Olivenöl*
1 Tomate	*Kartoffeln*
4 große Champignons	*Eigelb*
3 Schalotten	*geklärte Butter*

1. Alle Zutaten für die Ratatouille in kleine Würfel schneiden, anschwitzen und mit Balsamico-Essig, Knoblauchöl, Salz, Pfeffer und etwas Olivenöl würzen, kühl stellen.

2. Kartoffeln schälen, waschen und in hauchdünne Scheiben schneiden.

3. Die Kartoffelscheiben mit verquirltem Eigelb bestreichen und mit Gemüsewürfeln belegen. Die zweite Schicht Kartoffelscheiben darauf legen, festdrücken, mit Salz würzen und in der Bratpfanne in geklärter Butter goldgelb backen.

Tatar-Trio

Für 4 Personen

Matjestatar	*Dill und*	*4 EL Olivenöl*
4 Matjesfilets	*Schnittlauch*	*Salz*
1 geschälte, entkernte	*4 EL Traubenkernöl*	*Pfeffer aus der Mühle*
Tomate, 1 Zitrone	*4 EL Nußöl*	*Noilly-Prat*

1. Die Matjesfilets und die Tomate in Würfel schneiden.
2. Die Zitrone schälen, filieren und die Filets ganz fein hacken.
3. Zutaten vermischen, mit Salz, Pfeffer und etwas Noilly-Prat würzen.

Lachstatar	*2 EL Traubenkernöl*	*Pfeffer aus der Mühle*
Pro Person 70 g Lachs	*Saft von ½ Zitrone*	*Noilly-Prat*
2 EL Korianderöl	*Salz*	

1. Den Lachs in Würfel schneiden.
2. Das Öl unterheben, mit Zitronensaft, Salz, Pfeffer und etwas Noilly-Prat würzen und abschmecken.

Ziegentatar	*½ Bund Schnittlauch*	*4 EL Olivenöl*
350 g Ziegenfrischkäse	*1 kleine Knoblauchzehe*	*Salz*
1 geschälte Tomate	*8 EL Traubenkernöl*	*Pfeffer aus der Mühle*

1. Ziegenfrischkäse und entkernte Tomate in Würfel schneiden.
2. Schnittlauch kalt abspülen, trocknen und in feine Ringe schneiden.
3. Den Knoblauch schälen und durch die Knoblauchpresse drücken.
4. Alle Zutaten vermischen, mit Salz und Pfeffer würzen.

Nudelteig:	*0,9 l Eier, 0,1 l Öl*	*1½ TL Salz, 1,5 kg Mehl*

Alles zu einem Teig verarbeiten. Hauchdünn ausrollen oder wie Strudelteig ziehen. Mit Eigelb bestreichen und mit Mohn und Sesam bestreuen, goldgelb backen.

12

Margarethe Bacher

Hostellerie Bacher in Neunkirchen-Kohlhof

Kochen ist ihr Leben. Sie liebt den Beruf, die Margarethe Bacher, deren Ruhm weit übers Saarland hinausreicht. Begeistern kann sich die kreative Köchin über neue Ideen von Kollegen, wenn nur beste frische Produkte berücksichtigt werden. Von höchstem Genuß ist für sie klassische Musik, Wagner und Tschaikowsky beispielsweise. Und – Originalton Margarethe Bacher, gelernte Hauswirtschafterin: „Köstliche Austern schlürfen." Sie, die selbst so gern ißt, schwärmt noch heute von Mutters Rezepten: Maispoularde und Perlhuhn in Ei gebacken mit Zuckererbsen. Und Schnee-Eier mit Vanillesauce. Apropos Schnee. Eine Exkursion durch die Antarktis wollte sie schon immer einmal unternehmen, ließe ihr die Hostellerie hierfür Zeit. Und noch etwas Bemerkenswertes von der Frau in Margarethe Bacher übers eigene Geschlecht: Beträte eine ausgesprochene Schönheit ihr Restaurant, gratulierte sie ihr „zu dieser göttlichen Begünstigung" und hoffte, daß alles Servierte und Angerichtete bestens passte. Margarethe Bacher, ein Star der kochenden Damen hierzulande.

Snacks mit Tatar von Rinderfiletspitzen und Hartkäse

Für 4 Snacks

Zutaten:	*Salz*
1 Bund Schnittlauch	*Muskat*
1 Sardellenfilet	*Öl*
eingelegter grüner Pfeffer	*Pfeffer aus der Mühle*
30 g Rinderfiletspitzen	*Butter*
10 g Käsewürfel (Pecorino, Mönchskopf)	*2 Scheiben Pumpernickel*
1 TL Essiggurkenwürfel	*Perlzwiebel als Garnitur*

1. Schnittlauch kalt abspülen, trockentupfen und in feine Ringe schneiden.

2. Das Sardellenfilet kleinschneiden.

3. Grünen Pfeffer durch ein Sieb drücken.

4. Rinderfiletspitzen durch die mittlere Scheibe des Fleischwolfs drehen und mit dem Sardellenfilet, dem grünen Pfeffer, den Käsewürfeln, den Essiggurkenwürfeln, Salz, Muskat, Öl, Pfeffer und etwas Butter anmachen.

5. Pumpernickel mit Butter bestreichen, übereinanderlegen, beliebig schneiden oder ausstechen.

6. Aus dem Tatar vier Kugeln formen, flachdrücken, in Schnittlauch wälzen und auf das Brot legen.

7. Perlzwiebeln über Kreuz einschneiden und als Garnitur aufsetzen; auch Feldsalat eignet sich hierzu bestens.

12

Snacks mit Joghurtschaum auf Grieben-Schiffchen

Für 24 Snacks, verschieden belegt

Griebenteig	*75 g Joghurt*
(Für 24 Schiffchen 6 × 3 cm):	*2 EL feingeschnittener Schnittlauch*
30 g Schmalz	*1 EL Zitronensaft*
30 g Ziehbutter (aus der Periode	*Salz*
der Winterfütterung stammende	***Garnitur:***
Butter, niedriger Schmelzpunkt)	*Räucherlachs*
120 g Mehl	*Kaviar*
1 Ei	*Radieschenscheiben*
Salz	*Gurkenscheiben*
Joghurtschaum:	*Hummer*
1½ Blatt weiße Gelatine	*Kerbel*
1 Eiweiß	*Dill*

1. Aus den angegebenen Zutaten einen Knetteig herstellen.

2. Den Teig auf einer bemehlten Arbeitsfläche ausrollen, ausstechen und in die Förmchen füllen. Blind ausbacken, indem man auf das gefüllte Förmchen ein zweites leer aufdrückt.

3. Die Gelatine fünf Minuten in kaltem Wasser einweichen.

4. Das Eiweiß steif schlagen.

5. Joghurt mit Schnittlauch, Zitronensaft und etwas Salz in einer Schüssel glattrühren. Die Gelatine ausdrücken, auflösen und unterrühren. Das Eiweiß unterheben und die Masse kalt stellen, bis sie steif wird.

6. Den Joghurtschaum in drei Portionen aufteilen: 1. Schnittlauch, 2. Schnittlauch mit Lachs, 3. Schnittlauch mit Kaviar.

7. Die Schiffchen mittels Spritzbeutel oder Löffel füllen und mit den angegebenen Zutaten beliebig garnieren.

12

Snacks mit Erdbeeren, Gänseleber, Trüffel und Brunnenkresse

Für 4 Snacks

Zutaten:	*Distelöl*
4 Scheiben Sojabrot mit	*40 g Gänsestopfleber (4 Scheiben)*
Haselnüssen	*Marsala*
Butter	*Salz*
12 Erdbeerscheiben	*bunter Pfeffer*
16 Brunnenkresseblätter	*4 Trüffelscheiben*

1. Die Brotscheiben rund mit 3 cm Durchmesser ausstechen.

2. Auf einer Seite anrösten, etwas abkühlen lassen und mit Butter bestreichen.

3. Erdbeerscheiben und Kresseblätter darauf verteilen, mit Öl überglänzen.

4. Gänseleberscheiben mit Marsala beträufeln, mit Salz und buntem Pfeffer würzen. Auf die Brote legen und mit je einer Trüffelscheibe garnieren.

12

Snacks mit Geflügelfleisch, Räucheraal, Trüffel und grünen Bohnen

Für 4 Snacks

Zutaten:	*30 g Abschnitte*
2 Scheiben Vollkornbrot	*von gebratenem Geflügel*
Butter	*30 g Räucheraal*
Himbeeressig	*16 blanchierte grüne Bohnen*
Walnußöl	*15 g Trüffelwürfel*
Salz	*4 große geschälte Kirschtomaten*
Zucker	*Trüffelfäden*

1. Das Vollkornbrot mit Butter bestreichen. Zwei Scheiben übereinanderlegen und beliebig ausstechen.

2. Aus Himbeeressig, Walnußöl, Salz und etwas Zucker eine Marinade herstellen.

3. Geflügelfleisch, Räucheraal, grüne Bohnen und Trüffelwürfel mit der vorbereiteten Marinade vermengen. Auf ein Sieb schütten und abtropfen lassen.

4. Die Kirschtomaten über Kreuz einschneiden und auf die Brote setzen. Den Salat einfüllen, mit Bohnenspitzen und Trüffelfäden garnieren.

13

Thomas Knab

Schmiedestube im Waldhotel Bergschmiede in Straubenhardt

Mit Leib und Seele Gastronom: Das ist das Erscheinungsbild von Thomas Knab, der im nördlichen Schwarzwald ein Refugium für Gourmets und Streßverdrossene schuf. Geht er doch selbst mit seiner Frau und Freunden gern in ein Feinschmekker-Restaurant, wann immer es ihm möglich ist. Wird der 1961 in Langensteinbach geborene Koch auf den höchsten für ihn vorstellbaren Genuß angesprochen, wird die Passion des kreativen Mannes wiederum deutlich: hervorragendes Produkt perfekt zubereitet, ein tolles wie gemütliches Ambiente, ein sehr guter Wein und ein ebenso freundlicher wie aufmerksamer Service. Apropos Wein. Er steht auf seiner Hobby-Hitliste ganz oben, nachzuprüfen im Knabschen Weinkeller. In den lüde er liebend gern einmal den Bundespräsidenten ein, wie er ebensogern für Richard von Weizsäcker kochte.

13

Blutwurst mit Apfelscheiben in Blätterteig auf Sauerkraut

Für 4 Personen

Zutaten:	*2 Äpfel*
250 g Blätterteig	*1 Eigelb*
2 frische Blutwürste	*1 EL Sahne*
(nicht geräuchert)	*gekochtes Sauerkraut*

1. Den Blätterteig hauchdünn ausrollen und in vier gleich große Stücke schneiden.

2. Äpfel schälen, Kerngehäuse entfernen, Äpfel in Scheiben schneiden. Die Hälfte der Apfelscheiben auf den vier Blätterteigstücken verteilen.

3. Blutwürste enthäuten, halbieren und auf die Apfelscheiben legen. Anschließend die restlichen Apfelscheiben darüberlegen.

4. Die Ränder der Teigstücke mit verquirltem Eigelb und Sahne bestreichen. Einschlagen und nochmals mit der Eigelb-Sahne-Masse bestreichen.

5. Im Backofen bei ca. 200° C 15 Minuten backen.

6. Das Sauerkraut erwärmen und die Blätterteigtaschen darauf anrichten. Eventuell mit Apfelspalten garnieren.

13

Tatar von geräuchertem Forellenfilet „Bergschmiede“ mit Kartoffelrösti

Für 2 Personen

Zutaten:	*1 EL geschlagene Sahne*
2 geräucherte Forellenfilets	*Salz*
1 Tomate, enthäutet und entkernt	*Pfeffer aus der Mühle*
1 geschälte Schalotte	*150 bis 200 g rohe geschälte*
¼ Gartengurke	*Kartoffeln*
4 EL Sauerrahm oder Crème fraîche	*0,1 l geklärte Butter*
1 EL Schnittlauch, fein geschnitten	*20 g geräucherter Speck*

1. Die Forellenfilets in Würfel schneiden.

2. Tomate, Schalotte und Gartengurke in kleine Würfel schneiden und zu den Forellenfilets geben.

3. Den Sauerrahm untermengen, Schnittlauch und geschlagene Sahne unterheben. Das Tatar mit Salz und Pfeffer würzen und abschmecken.

4. Die Kartoffeln auf der groben Reibe raffeln, mit Salz und Pfeffer würzen und in geklärter Butter goldbraun braten.

5. Den Speck in feine Streifen schneiden und kroß anbraten.

6. Von dem Forellentatar mit einem Löffel Nocken abstechen. Die Rösti vierteln, mit dem Tatar auf flachen Tellern anrichten und mit dem Speck bestreuen.

13

Spieß von der Poularde, mit Kastanienhonig glaciert und in Sesam gebraten

Für 4 Personen

Zutaten:	*2 Scheiben Ananas*
2 Poulardenbrüste	*Holzspieße*
oder -keulen	*Kastanienhonig*
ohne Knochen	*Sesam*
Salz	*geklärte Butter*
Pfeffer aus der Mühle	*Balsamico-Essig*
2 Stück junger Zwiebellauch	*2 dl Fleischjus*
50 g geräucherter Speck	*10 g kalte Butter*

1. Poulardenfleisch in gleich große Würfel schneiden und mit Salz und Pfeffer würzen.

2. Zwiebellauch putzen, in Stücke schneiden und in leicht gesalzenem Wasser blanchieren.

3. Geräucherten Speck erst in Scheiben und dann in Quadrate schneiden. In Wasser kurz aufkochen. Auf ein Sieb schütten und abtropfen lassen.

4. Ananas in Würfel schneiden.

Alle Zutaten sollten etwa gleich groß geschnitten sein. Sie werden abwechselnd auf die Holzspieße gesteckt und mit Kastanienhonig bestrichen.

5. Die Spieße leicht in Sesam wälzen und in geklärter Butter oder in anderem Fett langsam goldbraun braten.

6. Die Spieße aus der Bratpfanne nehmen und den Bratensatz mit etwas Balsamico-Essig ablöschen.

7. Fleischjus dazugeben, kurz reduzieren und etwas Kastanienhonig nach Geschmack mit der kalten Butter einrühren.

8. Die Spieße von der Poularde mit der Sauce auf vorgewärmten Tellern anrichten.

13

Kalbsbries-Küchlein

Für 4 Personen

Zutaten:	*2 Schalotten*
200 g Kalbsbries	*200 g Mischpilze,*
½ Karotte	*je nach Jahreszeit*
¼ Stange Lauch	*20 g Butter*
¼ Stange Staudensellerie	*Pfeffer aus der Mühle*
1 dl Weißwein	*Mürbeteig oder Blitz-Blätterteig*
1 Lorbeerblatt	*gehackte Kräuter*
2 Nelken	*2 Eier*
Salz	*100 g Sahne*

1. Kalbsbries in reichlich Wasser einige Stunden wässern.

2. Karotte, Lauch und Staudensellerie putzen, waschen und etwas kleinschneiden.

3. Kalbsbries mit dem kleingeschnittenen Gemüse, Weißwein, Lorbeerblatt und Nelken in einem Liter Wasser aufkochen und mit Salz würzen. Anschließend zehn Minuten ziehen lassen. Herausnehmen und etwas abkühlen.

4. Von dem Kalbsbries die Röschen mit der Hand ablösen.

5. Die Schalotten schälen, in kleine Würfel schneiden und mit den geputzten Mischpilzen in Butter leicht anschwenken. Mit Salz und Pfeffer würzen.

6. Kleine Formen mit Mürbe- oder Blätterteig auslegen und im Backofen blind backen. Mit den Briesrosen, den Pilzen und gehackten Kräutern füllen.

7. Eier mit Sahne verrühren, mit etwas Salz und Pfeffer würzen und über die Kalbsbries-Pilzküchlein geben. 15 bis 20 Minuten im Backofen bei 200° C backen. Als Garnitur ein kleiner Pilzsalat.

14

Karlheinz Schuhmair

Restaurant Bareiss in Baiersbronn

Seine Lehr- und Wanderjahre haben Bilderbuchcharakter, Stationen und die Meister betreffend: „Reindl-Grill" in Garmisch-Partenkirchen, einst eine der Top-Adressen hierzulande, inzwischen wieder im Aufwind. Dann Anton Mosimann, Dieter Müller, Gualtiero Marchesi in Mailand. Und Eckart Witzigmann. – Karlheinz Schuhmair, ein wahrer „Zauberlehrling". Drei VIF-Eulen heute, die höchste Auszeichnung, die Gourmet-Journal und Restaurantführer zu vergeben haben. Gibt es da noch Wünsche? Bei sechs Richtigen im Lotto buchte er sofort eine Weltreise. Oder: Eröffnung eines kleinen Restaurants mit vier(!) Tischen. Um privat zu bleiben: Wer oder was könnte ihn verführen? Spontane Reaktion: eine hübsche Frau und ein gutes Essen. Apropos gutes Essen. Gäbe es für Karlheinz Schuhmair einen Wunschgast? Ja. Besonders gern kochte er für jemanden, der sich alles vom Munde absparen muß, für den es nicht alltäglich ist, exquisit à la Schuhmair zu speisen.

14

Täubchenröllchen, in Sesam gebraten, auf gebratenem Salat mit Vinaigrette

Für 2 Personen

Zutaten:	**Vinaigrette:**
1 ganze Täubchenbrust	*Haselnußöl*
Honig	*Balsamico-Essig*
schwarzer Pfeffer aus der Mühle	*Salz*
20 g Gänsestopfleber	*Pfeffer aus der Mühle*
Zahnstocher	*Schnittlauchröllchen*
1 Ei	*feingehackte Schalotten*
20 g Sesam	*etwas Soja-Würzsauce*
und geriebenes Weißbrot	*20 g getrocknete Morcheln*
etwas Mehl	*schwarzer Sesam*
30 g Chinanudeln	**Salat:**
(Glasnudeln)	*1 Chicorée*
Salz	*1 Radicchio*

1. Die Täubchenbrust auslösen, der Länge nach aufschneiden und flachdrücken. Mit Honig bestreichen und mit schwarzem Pfeffer würzen. Gänsestopfleberscheiben einlegen, einrollen und mit einem Zahnstocher befestigen. Mit verquirltem Ei, Sesam und geriebenem Weißbrot und etwas Mehl panieren und in der Bratpfanne braten.

2. Die Chinanudeln in leicht gesalzenem Wasser kochen. Auf ein Sieb schütten, abtropfen lassen.

3. Aus Haselnußöl, Balsamico-Essig, Salz, Pfeffer, Schnittlauch, Schalotten, etwas Soja-Würzsauce, getrockneten Morcheln und schwarzem Sesam eine Vinaigrette herstellen.

4. Den Salat kalt abspülen, putzen und mit den Chinanudeln in einer Bratpfanne ausschwitzen (Feuchtigkeit verdampfen lassen). Auf die Teller geben und mit etwas Vinaigrette übergießen.

5. Die Taubenbruströllchen mit dem Elektromesser in Scheiben schneiden, zu dem Salat anrichten und den Bratensaft darübergießen.

14

Meeresfrüchte, in Eisteig gebacken, auf süß-saurem Gemüse

Für 4 Personen

Zutaten:	*Fett für die Friteuse*
150 g Mehl	*1 Paprikaschote*
etwas Öl	*2 Tomaten*
Salz	*200 g Gemüserauten (Möhren,*
100 g Eiswasser	*Kohlrabi, Zuckerschoten, Lauch etc.)*
200 g verschiedene Meeresfrüchte	*etwas Ananas*
(Hummerkrabben, Hummer	*1 EL Honig*
Jakobsmuscheln,	*1 EL Essig*
Garnelen, Langostinos usw.)	*Langostino-Fond*
Pfeffer aus der Mühle	

1. Für den Eisteig Mehl mit etwas Öl, Salz und Eiswasser zu einem glatten Crêpesteig verrühren.

2. Die geputzten, geschälten Meeresfrüchte mit Salz und Pfeffer würzen. In Eisteig tauchen und in der Friteuse backen.

3. Die Paprikaschote kalt abspülen, trockentupfen, den Stielansatz und die Kerne entfernen. Das Fruchtfleisch kleinschneiden.

4. Die Tomaten in heißes Wasser tauchen, die Haut abziehen, den Stielansatz und die Kerne entfernen. Das Fruchtfleisch in Würfel schneiden.

5. Die Gemüserauten mit der Paprikaschote und Ananas anschwitzen. Mit Honig und Essig ablöschen und mit Langostino-Fond auffüllen. Zum Schluß die Tomatenwürfel dazugeben.

14

Salat mit Geflügelinnereien und Speck

Für 4 Personen

Zutaten:	*Champagneressig*
1 Kopfsalat	*etwas Knoblauch*
Innereien von 2 Poularden	*2 feingehackte Schalotten*
50 g getrockneter Speck	*Salz*
Olivenöl	*Pfeffer aus der Mühle*
etwas Rosmarin	*feingehackte Petersilie*

1. Den Salat waschen, putzen und gut abtropfen lassen.

2. Die Innereien der Poularden kalt abspülen und zuschneiden. Magen und Herz in etwas Brühe ca. 45 Minuten kochen, bis sie weich sind. Die Leber von Sehnen befreien.

3. Den Speck in kleine Stücke schneiden und in Olivenöl anschwitzen. Innereien, Rosmarin, etwas Essig, Knoblauch, Schalotten und noch etwas frisches Olivenöl dazugeben. Mit Salz und Pfeffer würzen. Unter wiederholtem Wenden zwei bis drei Minuten garen. Mit Petersilie verfeinern.

4. Den Salat auf Tellern anrichten und die Innereien darübergeben.

14

Bottanga mit Mozzarella und Tomaten

Für 4 Personen

Zutaten:	*Pfeffer aus der Mühle*
4 Tomaten	***Knoblauchbrot:***
2 Stück Mozzarella	*2 Knoblauchzehen*
50 g Bottanga (getrockneter Thunfisch)	*Butter*
Olivenöl	*feingehackte Petersilie*
Basilikum	*Salz*
Balsamico-Essig	*Pfeffer aus der Mühle*
Salz	*4 Scheiben Brot*

1. Tomaten waschen, trockentupfen und in Scheiben schneiden. Mozzarella ebenfalls in Scheiben schneiden und mit Bottanga, hauchdünn geschnitten, dazugeben.

2. Olivenöl, Basilikum und Balsamico-Essig mit Salz und Pfeffer würzen, darübergeben.

3. Knoblauchzehen schälen und durch die Knoblauchpresse drücken. Butter mit Knoblauch, Petersilie, Salz und Pfeffer würzen. Die Brotscheiben damit bestreichen und rösten.

15

Wolfgang Abrell

Restaurant im Hotel Königshof am Stachus in München

Mit Fug und Recht kann er für sich in Anspruch nehmen, Chef einer der feinsten Hotel-Küchen hierzulande zu sein. Wolfgang Abrell findet die perfekte Ergänzung in einem hochklassigen Umfeld, das ihn gleichermaßen fordert. So kann er sich stets aufs neue für ausgefallene Rezeptideen begeistern, nicht aber für Verrücktheiten. Fein, klassisch und zeitgemäß: So, und nicht anders, lassen sich Abrells Kreationen charakterisieren. Und bewahrt hat sich der aus Oberstdorf gebürtige Allgäuer eines: den Blick fürs Wesentliche, der bereits aus den gebotenen Möglichkeiten das ganz große Ergebnis zu erkennen vermag – auf dem Felde des feinen Kochens. Wolfgang Abrell, das ist auch der Mann, der sich für die Schönheit einer unberührten Natur begeistern kann. Dem nach einer anstrengenden Bergtour ein kühles Weißbier oder eine „Radlermaß" das Höchste ist. Der sich ein Haus an irgendeinem Waldrand im Allgäu baute, gewänne er im Lotto. Und dann kochte er für einen Zeitgenossen, den er bewundert: für Reinhold Messner, den weltberühmten Bergsteiger.

15

Gepökelte Kalbshaxe auf Rote-Rüben-Paprika-Gemüse und Meerrettich

Für 6 Personen

Zutaten:	*¼ Meerrettichstange*	*1 Lorbeerblatt*
1 kleine Kalbshaxe, mild	*100 g weißer Lauch*	*1 Nelke*
gepökelt	*1 Karotte*	*5 zerdrückte*
1 Rote Rübe (Rote Bete)	*100 g Knollensellerie*	*Wacholderbeeren*
Salz	*Butter*	*Pfefferkörner*
Zucker	*1 kleines Bund Schnitt-*	*1 Zwiebel*
Kümmel	*lauch*	*1 gelbe Rübe*
je 1 grüne und gelbe	*1 dl Crème double*	*1 Pastinakwurzel*
Paprikaschote	*Pfeffer aus der Mühle*	*30 g Staudensellerie*
2 Schalotten	*Sud (nicht salzen)*	*1 Knoblauchzehe*

1. Falls die Kalbshaxe zu stark gesalzen ist, eventuell wässern.

2. Kalbshaxe in einen Kochtopf geben und mit ca. 2 Liter Wasser aufkochen, abschäumen, die angegebenen Gewürze und das Gemüsebündel dazugeben. Ca 2½ Stunden sanft köcheln.

3. Die Rote Rübe schälen. Mit Salz, Zucker, etwas Kümmel würzen und ca. eine Stunde in der Alufolie garen.

4. Paprikaschoten und Schalotten schälen, in Würfel schneiden.

5. Meerrettich waschen und in dünne Späne schaben.

6. Vom Lauch die Enden abschneiden und den Lauch waschen. Karotte und Knollensellerie waschen und schälen, in kleinen Würfeln in Butter dünsten. Den Schnittlauch fein schneiden und unterrühren.

7. Schalotten in Butter andünsten. Die Paprikawürfel dazugeben und etwas dünsten. Die Rote Rübe in Würfel schneiden, dazugeben und mit Crème double auffüllen, würzen, abschmecken.

8. Die gegarte Kalbshaxe etwas ruhen lassen, dann in Scheiben schneiden. Mit dem Rüben-Paprika-Gemüse, den Gemüsewürfeln und dem Meerrettich auf vorgewärmten Tellern anrichten.

15

Strudelblätter mit Meeresfrüchten und gebuttertem Muschelfond

Für 4 Personen

Zutaten:
Butter
100 g Bigorneaux (Mondstrandschnecken)
Salz
300 g Jakobsmuscheln
500 g Miesmuscheln
50 g Olivenöl
100 g Gemüsewürfel
1 geschälte, gehackte Knoblauchzehe
1 dl Weißwein
100 g Steinbuttfilet
4 Garnelen (Pink-Shrimps)
Pfeffer aus der Mühle
50 g eiskalte Butter

Strudelteig:
140 g durchgesiebtes Mehl
½ EL Öl
½ EL zerlassene Butter
50 ml lauwarmes Wasser
1 Prise Salz

Dekoration:
150 g gekochte Erbsenschoten
4 gekochte Fingerkarotten
4 gekochte Spargelspitzen

1. Mehl, Öl und Butter mit lauwarmem Wasser und Salz zu einem Strudelteig verarbeiten. Den Strudelteig zehn Minuten in die Knetmaschine geben und an warmer Stelle ruhen lassen.

2. Den Strudelteig dünn ausziehen, zwölf runde Teigstücke mit 8 cm Durchmesser ausstechen und buttern. Über eine Tasse legen und in acht bis zehn Minuten im Backofen bei 180° C backen.

3. Bigorneaux waschen und acht Minuten in Salzwasser kochen.

4. Jakobsmuscheln öffnen, Bart und Corail entfernen, die Muscheln und Bart waschen; Miesmuscheln waschen und reinigen.

5. Olivenöl erhitzen, Gemüsewürfel und Knoblauch dazugeben und andünsten. Miesmuscheln zufügen und mit Weißwein ablöschen. Nur so lange kochen, bis die Muscheln sich geöffnet haben.

6. Muscheln aus der Schale nehmen und mit den Schnecken (Bigorneaux) im Kochfond aufbewahren.

7. Steinbuttfilet in dünne Streifen schneiden. Die Jakobsmuscheln in Scheiben schneiden, die Garnelen schälen. Alles leicht mit Salz und Pfeffer würzen. Fast fettfrei in einer Teflonpfanne kurz anbraten.

8. Muscheln und Schnecken erwärmen. Die kalte Butter mit dem Pürierstab in den Muschelfond einarbeiten.

Kaninchen-Rückenfilet und Niere im Strudelteig

Für 4 Personen

Zutaten:	***Farce:***
300 g Blattspinat	*70 g Kaninchenfleisch*
Salz	*vom Rücken*
1 Kaninchenrücken	*50 g Gänseleber*
12 Kaninchennieren	*1 cl Madeira*
4 Patissons (kleine Kürbisse)	*7 cl Sahne*
5 cl Olivenöl	*Salz*
1 Schalotte	*Pfeffer aus der Mühle*
½ rote Paprikaschote	*Alle Zutaten für die Farce*
Strudelteig:	*müssen gut durchgekühlt werden.*
140 g Mehl	***Senf-Sabayon:***
½ EL Öl	*2 Eigelb*
½ EL zerlassene Butter	*0,1 l Weißwein*
50 ml lauwarmes Wasser	*etwas Estragon*
1 Prise Salz	*1 EL Moutarde de meaux (Senf)*

1. Spinat waschen, die dicken Stiele entfernen. In leicht gesalzenem kochenden Wasser blanchieren und in leicht gesalzenem Eiswasser abschrecken. Gut abtropfen lassen und auf einem Tuch trocknen.

2. Mehl, Öl und Butter mit dem lauwarmen Wasser und Salz zu einem Strudelteig verarbeiten. Den Strudelteig zehn Minuten in die Knetmaschine geben und an warmer Stelle ruhen lassen.

3. Kaninchenrücken auslösen, Sehnen entfernen, 70 g von der dünnen Seite des Filets für die Farce beiseite legen.

4. Die Nieren wässern, von Häutchen und Fett befreien.

5. Die 70 g Filet von der dünnen Seite des Kaninchenrückens kleinschneiden. Mit Gänseleber, Madeira und Sahne sowie etwas Salz und Pfeffer zu einer Farce pürieren. Durch ein Haarsieb streichen und kalt stellen.

6. Die Patissons aushöhlen, mit Salz und Pfeffer würzen, in Olivenöl anbraten. Schalotte schälen und mit der Paprikaschote in kleine Würfel schneiden. Schalotte in derselben Pfanne angehen lassen. Dann die Paprikawürfel dazugeben, mit Salz und Pfeffer würzen. In die Patissons füllen und warm stellen.

7. Kaninchenrückenfilet mit Salz und Pfeffer würzen, kurz in der Bratpfanne anbraten.

8. Den Strudelteig dünn ausziehen, buttern und acht Quadrate à 10 × 10 cm mit Spinat belegen. Dann die Farce einstreichen und die Hälfte der Quadrate mit Kaninchenrückenfilet und die andere Hälfte mit Nierchen belegen.

9. Den Strudel einrollen, an beiden Enden zusammendrücken und neun Minuten bei 180° C backen. Etwas ruhen lassen.

10. Für den Sabayon alle Zutaten mit geschnittenem Estragon, Salz und Pfeffer im heißen Wasserbad aufschlagen.

11. Das im Strudelteig gebackene Kaninchenrückenfilet wie die Kaninchennieren schräg durchschneiden. Eine kleine Patisson dazugeben, den Sabayon auf Teller gießen. Mit Estragon garnieren.

15

Bunte Cannelloni mit Fisch

Für 4 Personen

Zutaten:

25 g Spinatpüree
25 g Rote-Rüben-Püree (Rote-Bete-Püree)
20 g Safranpulver
25 g Sepiatinte (Fischgeschäft, Feinkosthandel)
Öl
Butter

Nudelteig (4 Stück):

Je Teig: 50 g Mehl
1 Eigelb
1 TL Öl
Salz

Farce:

160 g Hechtfilet
Salz
Cayennepfeffer
1 dl Sahne
60 g Crème double
1 cl Noilly-Prat
1 cl Pernod
10 g Hummercorail
Alle Zutaten für die Farce müssen gut durchgekühlt werden.

Fischragout:

50 g Steinbuttfilet
50 g ausgelöste kleine Kammuscheln
1 Schalotte
Butter
5 cl Weißwein
1 dl Crème double
Salz, Pfeffer aus der Mühle
Saft von ½ Zitrone
50 g gekochte Hummerschere
50 g Crevetten
4 Fingerkarotten
4 Spargelspitzen

1. Vier Nudelteige aus je 50 Gramm Mehl, 1 Eigelb, 1 Teelöffel Öl und etwas Salz herstellen. Jeden Teig einmal anknèten und jeweils eines der Aromate 25 g Spinatpüree, 25 g Rote-Rüben-Püree, 10 g Safranpulver und ½ TL Sepiatinte dazugeben. Die Teige getrennt ruhen lassen.

2. Für die Farce Hechtfilet in kleine Würfel schneiden, mit Salz und Pfeffer würzen, gut durchkühlen lassen. Mit Sahne, Crème double und Noilly-Prat pürieren. Durch ein Haarsieb streichen und wieder kalt stellen.

3. Die Farce in vier gleiche Teile à 80 Gramm aufteilen.

4. Den ersten Teil der Farce mit dem restlichen Safran und Pernod verfeinern, den zweiten Teil mit der restlichen Sepiatinte färben, und den

dritten Teil der Farce mit rotem Hummercorail versehen. Ein Teil der Farce bleibt weiß.

5. Alle vier Teigsorten sehr dünn ausrollen und in Salzwasser mit etwas Öl drei Minuten kochen; in kaltem Wasser auskühlen lassen.

6. Alle Nudelteige auf ein Tuch legen und kurz antrocknen lassen. Von jeder Farbe ein Quadrat von 12 × 12 cm schneiden. Dann
die rote Farce in den Safranteig,
die gelbe Farce in den Sepiateig,
die weiße Farce in den Spinatteig,
die schwarze Farce auf den Rote-Rüben-Teig geben. Es darf nach Belieben variiert werden.

7. Teigtuch mit Farce zu Cannelloni einrollen und auf eine gebutterte Form legen. Zehn Minuten zugedeckt im Backofen bei 160° C garen.

8. Für das Fischragout Steinbuttfilet und Kammuscheln in kleine Würfel schneiden.

9. Schalotte schälen, in kleine Würfel schneiden und in Butter anschwitzen. Das kleingeschnittene Steinbuttfilet und die Kammuscheln dazugeben, mit Weißwein ablöschen und zwei Minuten ziehen lassen. Fisch und Muscheln herausnehmen, den Fond mit Crème double angießen und etwas einkochen.

10. Die Sauce mit Salz, Pfeffer und etwas Zitronensaft würzen, durch ein Sieb gießen.

11. Die Hummerschere vierteln und mit den Crevetten in der Sauce erwärmen. Das Steinbutt- und Muschelragout dazugeben.

12. Die Fingerkarotten und den Spargel schälen. Beides in Salzwasser blanchieren und in Butter anschwitzen.

13. Die gegarten Cannelloni schräg in vier Stücke schneiden und auf heißen Tellern anrichten. Das heiße Fischragout dazugeben, mit den Fingerkarotten und dem grünen Spargel garnieren.

16

Hans Haas

Restaurant Tantris in München

Seine Küche hat das gewisse Etwas, das nichts zur Kopie geraten läßt. Hans Haas, der sich einst in den historischen Tiefen des Frankfurter „Brückenkellers" höchste Anerkennung erkochte, heute der „dritte Mann" im Münchener „Tantris" nach Eckart Witzigmann und Heinz Winkler, zählt zu den Stillen seiner Zunft. Liebenswürdige Bescheidenheit, der eine beeindruckende Selbstsicherheit nicht im Wege steht: Das macht den Mann aus, der einst aus den Tiroler Bergen nach Deutschland kam, nachdem er berühmte Talentschmieden durchlaufen hatte. Wie so oft im Leben war's der Zufall, der ihn auf den Berufsweg führte: Mit zwölf durfte er einmal in den Schulferien in der Küche eines Gasthofs aushelfen. Fortan gab es für ihn keine schönere (Freizeit-)Beschäftigung – neben den Hobbys von damals und heute: Skilaufen, malen und radeln. Und begeistern kann er sich stets aufs neue für Mutters Rezepte, wie da beispielsweise sind: Käsekrapfen oder breite Bohnen aus dem Garten, abgebunden mit Butter und Semmelbröseln, darüber feingewürfelter hausgemachter Speck und Zwiebeln.

16

Gefüllter Artischockenboden mit Kaninchen im Netz gebraten

Für 4 Personen

Zutaten:	*Salz*	*Butter*
1 Schweinenetz	*Pfeffer aus der Mühle*	*1 Kaninchenrücken*
50 g Geflügelbrust	*100 g Blattspinat*	*1 Kaninchenleber*
ohne Haut und Knochen	*1 Schalotte*	*4 kleine Artischocken*
60 g Sahne	*etwas Knoblauch*	*Zitronensaft*

1. Das Schweinenetz wässern und anschließend gut abtropfen lassen.

2. Die Geflügelbrust gut durchkühlen, kleinschneiden, in der Moulinette fein pürieren. Die Sahne nach und nach dazugeben, mit Salz und Pfeffer würzen.

3. Die Farce durch ein Sieb streichen und bis zur Weiterverarbeitung auf Eis stellen.

4. Den Spinat waschen, die dicken Stiele entfernen.

5. Schalotte schälen, fein hacken und mit etwas Knoblauch in Butter andünsten. Spinat zugeben, mit Salz und Pfeffer würzen und anschwitzen. Den Spinat etwas abkühlen lassen, fein hacken und kaltstellen.

6. Kaninchenrücken in kleine Stücke schneiden, mit Salz und Pfeffer würzen, kurz in Butter anbraten. Die Leber ebenfalls kleinschneiden und in einer Bratpfanne andünsten. Beides erkalten lassen.

7. Artischockenstiele ausbrechen, Artischockenblätter ablösen und das Heu entfernen. Artischockenböden in leicht gesalzenem Wasser mit etwas Zitronensaft bißfest kochen. Auf ein Sieb schütten, abkühlen lassen.

8. Kaninchenfleisch und Kaninchenleber mit dem Spinat und der Geflügelfarce mischen. Abschmecken und die Masse auf die Artischockenböden verteilen.

9. Das Schweinenetz in entsprechend große Stücke schneiden und die vorbereiteten Artischockenböden darin einschlagen. Acht bis zehn Minuten im Backofen bei 180° C garen.

Neue Kartoffeln mit Kaviar gefüllt

Für 4 Personen

Zutaten:	*Salz*
8 kleine neue Kartoffeln	*Pfeffer aus der Mühle*
ca. 100 g Kaviar	*Zitronensaft*
1 EL Semmelbrösel	*1 TL feingeschnittener*
etwas Fett zum Ausbacken	*Schnittlauch*
50 g Crème fraîche	*Dillspitzen*
50 g Sauerrahm	*Kerbelblättchen*

1. Die Kartoffeln waschen und mit der Schale kochen. Auskühlen lassen, pellen und halbieren. Mit einem Teelöffel oder Parisienne-Ausstecher aushöhlen, Kaviar hineinfüllen, die beiden Hälften übereinandersetzen.

2. Die gefüllten Kartoffeln in Semmelbröseln wenden und kurz in heißem Fett ausbacken.

3. Die Crème fraîche mit dem Sauerrahm verrühren. Mit Salz, Pfeffer und etwas Zitronensaft würzen, den Schnittlauch unterrühren und abschmecken.

4. Die angemachte Sahne auf flachen Tellern verteilen, die ausgebackenen Kartoffeln darauf setzen. Mit Dillspitzen und Kerbelblättchen garnieren.

Gelierte Lachs-Medaillons im Kartoffelnest

Für 4 Personen

Zutaten:	*100 g Tomaten-Consommé*	*1 TL Kaviar*
200 g Rückenfilet von	*2 EL Brunoise von*	*2 Kartoffeln*
geräuchertem Lachs	*Tomate, Gartengurke*	*Öl zum Ausbacken*
Alufolie	*Staudensellerie*	*Salz*
2 Blatt weiße Gelatine	*und Knollensellerie*	*Basilikumblättchen*

1. Das Rückenfilet vom Lachs in 20 g schwere Medaillons schneiden.

2. Entsprechend große Alufolie ausbuttern und die Lachsmedaillons darin einwickeln.

3. Die Gelatine fünf Minuten in kaltem Wasser einweichen.

4. Ausdrücken und in der erhitzten Tomaten-Consommé (oder Brühe) auflösen. Etwas erkalten lassen, kurz vor dem Stocken Gemüse und Kaviar unterheben.

5. Anschließend die Alufolie an der oberen Seite entsprechend der Größe der Lachsmedaillons öffnen, das noch nicht ganz gestockte Gemüse auf den Lachs füllen und kaltstellen.

6. Für die Nester die geschälten Kartoffeln in Streichholzgröße schneiden und die Hälfte davon waschen. Die Kartoffelstreifen kurz in leicht gesalzenem kochenden Wasser blanchieren und trockentupfen.

7. Eine entsprechende Form aus Drahtgeflecht sehr heiß werden lassen, die untere Hälfte mit blanchierten Kartoffelstreifen und die obere Hälfte mit rohen ungewaschenen Kartoffelstreifen füllen. Die Kartoffelstreifen sollen durch ihre eigene Stärke zusammenkleben und werden deshalb vorher nicht gewaschen.

8. Die Kartoffelnester in reichlich Öl in der Friteuse goldgelb backen und mit Salz würzen.

9. Die Folie von den Lachsmedaillons entfernen und die gelierten Lachs-Medaillons auf die Kartoffelnester setzen.

10. Mit quadratisch geschnittenen Basilikumblättchen garnieren.

16

Torte vom Kalbskopf mit Radieschen

Für 4 Personen

Zutaten:	*150 g Poulardenbrust ohne*	*1 Ei*
200 g Kalbskopf	*Haut und Knochen*	*10 g Nußbutter*
200 g Kalbszunge	*Pfeffer, Muskat*	*1 EL feingeh. Petersilie*
100 g Kalbsbries	*ca. 150 g Sahne*	*Alufolie*
Salz	*je 3 EL Karotten, Kohlrabi*	*1 Bund Radieschen*
Zitronensaft	*und englischer Sellerie*	*Essig, Öl*
Butter	*⅛ l Milch, 60 g Mehl*	*etwas Schnittlauch*

1. Kalbskopf und Kalbszunge kochen, ausgekühlt in Würfel schneiden.

2. Kalbsbries wässern und in leicht gesalzenem kochenden Wasser, dem etwas Zitronensaft zugefügt wurde, blanchieren. Abkühlen lassen. Die Briesröschen auslösen, sanft in Butter braten und würzen.

3. Die Poulardenbrust kleinschneiden und in der Moulinette fein pürieren. Mit Salz, Pfeffer und einer Prise Muskat würzen, nach und nach die Sahne zugeben. Abschmecken.

4. Die Farce durch ein Sieb streichen und auf Eis kalt stellen.

5. Karotten, Kohlrabi und Sellerie in ½ cm große Würfel schneiden und blanchieren. In leicht gesalzenem Eiswasser abschrecken.

6. Milch mit dem Mehl glattrühren. Das Ei und die Nußbutter einarbeiten, mit Salz, Pfeffer und etwas Muskat würzen.

7. Dünne Crêpes backen und auskühlen lassen.

8. Das in Würfel geschnittene Fleisch von Kalbskopf und -zunge sowie Kalbsbries, Gemüse und Petersilie in die Farce einarbeiten.

9. Gebutterte Alufolie viermal auf ein Backblech legen. Darauf je ein Crêpe anordnen und die Farce ½ cm dick auftragen.

10. Dann die Torte vom Kalbskopf in die mittlere Einschubleiste des vorgeheizten Backofens schieben und ca. 15 Minuten bei 150° C backen.

11. Radieschen in feinen Scheiben. Würzen, mit Essig und Öl beträufeln. Schnittlauch in feine Ringe schneiden. Torte lauwarm servieren.

Die Köche und ihre Restaurants

Peter Frühsammer
Frühsammers Restaurant
an der Rehwiese
Matterhornstraße 101
1000 Berlin 38

Uwe Witzke
Il Ristorante Martini
Große Bleichen 16
2000 Hamburg 36

Wolf-Dieter Klunker
Fischereihafen-Restaurant
Große Elbstraße 143
2000 Hamburg 50

Hartmut Boll
Altes Amt
Eutiner Straße 39
2437 Schönwalde am Bungsberg

Horst Peter Hauptmeier
Park-Hotel Bremen
Im Bürgerpark
2800 Bremen

Dieter Gerhard Gerdes
Landhaus am Schloßpark
Südender Straße 1
2902 Rastede

Ernst Heiner Hüser
Le Concarneau
Buschkampstraße 75
4800 Bielefeld 12

Harald Schmitt
Orangerie, Hotel Nassauer Hof
Kaiser-Friedrich-Platz 3–4
6200 Wiesbaden

Herbert Langendorf
Die Ente vom Lehel
Kaiser-Friedrich-Platz 3–4
6200 Wiesbaden

Hans-Stefan Steinheuer
Zur Alten Post
Landskroner Straße 108–110
5483 Bad Neuenahr-Heppingen

Manfred Schwarz
Restaurant
Schwarzer Hahn
Am Marktplatz
6705 Deidesheim

Margarethe Bacher
Hostellerie Bacher
Limbacher Straße 2
6680 Neunkirchen-Kohlhof

Thomas Knab
Restaurant Schmiedestube
Holzbachtal 80
7541 Straubenhardt 6

Karlheinz Schuhmair
Restaurant Bareiss
Kurhotel Mitteltal
7292 Baiersbronn

Wolfgang Abrell
Königshof
Karlsplatz 25
8000 München 2

Hans Haas
Tantris
Johann-Fichte-Straße 7
8000 München 40

Dankwort an die Köche

Der Herausgeber hat allen an diesem Werk beteiligten Köchen und ihren tüchtigen Helfern sehr zu danken: für die Bereitstellung neuer Rezepte in dieser Sammlung der VIF-EDITION bei Hädecke. Zu danken auch für die angenehme Zusammenarbeit im Fotostudio, für die Geduld bei der Nachfrage durch die Schlußredaktion, die Rezepte betreffend.

Ein Wort zu den Mengenangaben: Allenfalls auftauchende Ungenauigkeiten sind beabsichtigt – als Spielraum persönlichen Ermessens.

KOCHKUNST FÜR GENIESSER

Kulinarische Bildbände aus dem Hädecke-Programm

Kleine Köstlichkeiten aus aller Welt. 120 Seiten.
ISBN 3-7750-0211-1

Orginalrezepte und Geschichten, mit reizvollen Federzeichnungen. 100 Seiten. ISBN 3-7750-0212-X

Silbermedaille der Gastronomischen Akademie. Authentische Rezepte, 238 Seiten, 160 Farbfotos.
ISBN 3-7750-0205-7

Silbermedaille der Gastronomischen Akademie. Typische Rezepte aus den klassischen Regionen. 288 Seiten, 220 Farbfotos. ISBN 3-7750-0219-7

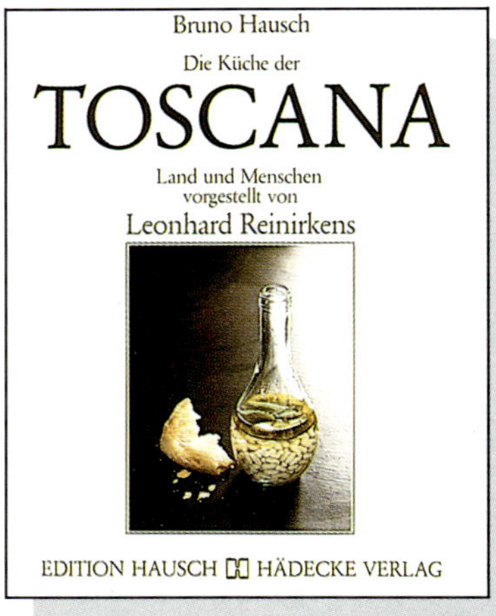

Silbermedaille der Gastronomischen Akademie. Rezepte, Restaurants, Weingüter. 218 Seiten, ca. 100 Fotos,
ISBN 3-7750-155-7

Ein Koch/Kunstbuch mit Farbzeichnungen, Fotos und exquisiten Rezepten. Bibliophile Ausgabe für Sammler und Gourmets. 104 Seiten.
ISBN 3-7750-0216-2

Silbermedaille der Gastronomischen Akademie. Über 1000 Champagner mit allen wichtigen Daten.
2. Auflage. 240 Seiten.
ISBN 3-7750-0168-9

Goldmedaille der Gastronomischen Akademie. 3. aktualisierte Auflage mit 3000 Cognacs und 1000 Marken.
223 Seiten, 150 Fotos.
ISBN 3-7750-0129-8

Erhältlich im Buchhandel. Ausführliche Informationen erhalten Sie vom

WALTER HÄDECKE VERLAG · 7252 WEIL DER STADT · TEL. 07033/2263 · FAX 07033/6476